Appointment Book

MONDAY		TUESDAY		WEDNESDAY		THURSDAY	
:00		:00		:00		:00	
7 :15		7 :15		7 :15		7 :15	
AM :30		AM :30		AM :30		AM :30	
:45		:45		:45		:45	
:00		:00		:00		:00	
8 :15		8 :15		8 :15		8 :15	
AM :30		AM :30		AM :30		AM :30	
:45		:45		:45		:45	
:00		:00		:00		:00	
9 :15		9 :15		9 :15		9 :15	
AM :30		AM :30		AM :30		AM :30	
:45		:45		:45		:45	
:00		:00		:00		:00	
10 :15		10 :15		10 :15		10 :15	
AM :30		AM :30		AM :30		AM :30	
:45		:45		:45		:45	
:00		:00		:00		:00	
11 :15		11 :15		11 :15		11 :15	
AM :30		AM :30		AM :30		AM :30	
:45		:45		:45		:45	
:00		:00		:00		:00	
12 :15		12 :15		12 :15		12 :15	
PM :30		PM :30		PM :30		PM :30	
:45		:45		:45		:45	
:00		:00		:00		:00	
1 :15		1 :15		1 :15		1 :15	
PM :30		PM :30		PM :30		PM :30	
:45		:45		:45		:45	
:00		:00		:00		:00	
2 :15		2 :15		2 :15		2 :15	
PM :30		PM :30		PM :30		PM :30	
:45		:45		:45		:45	
:00		:00		:00		:00	
3 :15		3 :15		3 :15		3 :15	
PM :30		PM :30		PM :30		PM :30	
:45		:45		:45		:45	
:00		:00		:00		:00	
4 :15		4 :15		4 :15		4 :15	
PM :30		PM :30		PM :30		PM :30	
:45		:45		:45		:45	
:00		:00		:00		:00	
5 :15		5 :15		5 :15		5 :15	
PM :30		PM :30		PM :30		PM :30	
:45		:45		:45		:45	
:00		:00		:00		:00	
6 :15		6 :15		6 :15		6 :15	
PM :30		PM :30		PM :30		PM :30	
:45		:45		:45		:45	
:00		:00		:00		:00	
7 :15		7 :15		7 :15		7 :15	
PM :30		PM :30		PM :30		PM :30	
:45		:45		:45		:45	
:00		:00		:00		:00	
8 :15		8 :15		8 :15		8 :15	
PM :30		PM :30		PM :30		PM :30	
:45		:45		:45		:45	
:00		:00		:00		:00	
9 :15		9 :15		9 :15		9 :15	
PM :30		PM :30		PM :30		PM :30	
:45		:45		:45		:45	

FRIDAY		SATURDAY		SUNDAY	
:00		:00		:00	
7 :15		7 :15		7 :15	
AM :30		AM :30		AM :30	
:45		:45		:45	
:00		:00		:00	
8 :15		8 :15		8 :15	
AM :30		AM :30		AM :30	
:45		:45		:45	
:00		:00		:00	
9 :15		9 :15		9 :15	
AM :30		AM :30		AM :30	
:45		:45		:45	
:00		:00		:00	
10 :15		10 :15		10 :15	
AM :30		AM :30		AM :30	
:45		:45		:45	
:00		:00		:00	
11 :15		11 :15		11 :15	
AM :30		AM :30		AM :30	
:45		:45		:45	
:00		:00		:00	
12 :15		12 :15		12 :15	
PM :30		PM :30		PM :30	
:45		:45		:45	
:00		:00		:00	
1 :15		1 :15		1 :15	
PM :30		PM :30		PM :30	
:45		:45		:45	
:00		:00		:00	
2 :15		2 :15		2 :15	
PM :30		PM :30		PM :30	
:45		:45		:45	
:00		:00		:00	
3 :15		3 :15		3 :15	
PM :30		PM :30		PM :30	
:45		:45		:45	
:00		:00		:00	
4 :15		4 :15		4 :15	
PM :30		PM :30		PM :30	
:45		:45		:45	
:00		:00		:00	
5 :15		5 :15		5 :15	
PM :30		PM :30		PM :30	
:45		:45		:45	
:00		:00		:00	
6 :15		6 :15		6 :15	
PM :30		PM :30		PM :30	
:45		:45		:45	
:00		:00		:00	
7 :15		7 :15		7 :15	
PM :30		PM :30		PM :30	
:45		:45		:45	
:00		:00		:00	
8 :15		8 :15		8 :15	
PM :30		PM :30		PM :30	
:45		:45		:45	
:00		:00		:00	
9 :15		9 :15		9 :15	
PM :30		PM :30		PM :30	
:45		:45		:45	

MONTH / YEAR

Time	MONDAY	TUESDAY	WEDNESDAY	THURSDAY
7 AM :00				
:15				
:30				
:45				
8 AM :00				
:15				
:30				
:45				
9 AM :00				
:15				
:30				
:45				
10 AM :00				
:15				
:30				
:45				
11 AM :00				
:15				
:30				
:45				
12 PM :00				
:15				
:30				
:45				
1 PM :00				
:15				
:30				
:45				
2 PM :00				
:15				
:30				
:45				
3 PM :00				
:15				
:30				
:45				
4 PM :00				
:15				
:30				
:45				
5 PM :00				
:15				
:30				
:45				
6 PM :00				
:15				
:30				
:45				
7 PM :00				
:15				
:30				
:45				
8 PM :00				
:15				
:30				
:45				
9 PM :00				
:15				
:30				
:45				

FRIDAY		SATURDAY		SUNDAY	
:00		:00		:00	
7 :15		7 :15		7 :15	
AM :30		AM :30		AM :30	
:45		:45		:45	
:00		:00		:00	
8 :15		8 :15		8 :15	
AM :30		AM :30		AM :30	
:45		:45		:45	
:00		:00		:00	
9 :15		9 :15		9 :15	
AM :30		AM :30		AM :30	
:45		:45		:45	
:00		:00		:00	
10 :15		10 :15		10 :15	
AM :30		AM :30		AM :30	
:45		:45		:45	
:00		:00		:00	
11 :15		11 :15		11 :15	
AM :30		AM :30		AM :30	
:45		:45		:45	
:00		:00		:00	
12 :15		12 :15		12 :15	
PM :30		PM :30		PM :30	
:45		:45		:45	
:00		:00		:00	
1 :15		1 :15		1 :15	
PM :30		PM :30		PM :30	
:45		:45		:45	
:00		:00		:00	
2 :15		2 :15		2 :15	
PM :30		PM :30		PM :30	
:45		:45		:45	
:00		:00		:00	
3 :15		3 :15		3 :15	
PM :30		PM :30		PM :30	
:45		:45		:45	
:00		:00		:00	
4 :15		4 :15		4 :15	
PM :30		PM :30		PM :30	
:45		:45		:45	
:00		:00		:00	
5 :15		5 :15		5 :15	
PM :30		PM :30		PM :30	
:45		:45		:45	
:00		:00		:00	
6 :15		6 :15		6 :15	
PM :30		PM :30		PM :30	
:45		:45		:45	
:00		:00		:00	
7 :15		7 :15		7 :15	
PM :30		PM :30		PM :30	
:45		:45		:45	
:00		:00		:00	
8 :15		8 :15		8 :15	
PM :30		PM :30		PM :30	
:45		:45		:45	
:00		:00		:00	
9 :15		9 :15		9 :15	
PM :30		PM :30		PM :30	
:45		:45		:45	

MONTH / YEAR

	MONDAY		TUESDAY		WEDNESDAY		THURSDAY
7 AM :00 :15 :30 :45		7 AM :00 :15 :30 :45		7 AM :00 :15 :30 :45		7 AM :00 :15 :30 :45	
8 AM :00 :15 :30 :45		8 AM :00 :15 :30 :45		8 AM :00 :15 :30 :45		8 AM :00 :15 :30 :45	
9 AM :00 :15 :30 :45		9 AM :00 :15 :30 :45		9 AM :00 :15 :30 :45		9 AM :00 :15 :30 :45	
10 AM :00 :15 :30 :45		10 AM :00 :15 :30 :45		10 AM :00 :15 :30 :45		10 AM :00 :15 :30 :45	
11 AM :00 :15 :30 :45		11 AM :00 :15 :30 :45		11 AM :00 :15 :30 :45		11 AM :00 :15 :30 :45	
12 PM :00 :15 :30 :45		12 PM :00 :15 :30 :45		12 PM :00 :15 :30 :45		12 PM :00 :15 :30 :45	
1 PM :00 :15 :30 :45		1 PM :00 :15 :30 :45		1 PM :00 :15 :30 :45		1 PM :00 :15 :30 :45	
2 PM :00 :15 :30 :45		2 PM :00 :15 :30 :45		2 PM :00 :15 :30 :45		2 PM :00 :15 :30 :45	
3 PM :00 :15 :30 :45		3 PM :00 :15 :30 :45		3 PM :00 :15 :30 :45		3 PM :00 :15 :30 :45	
4 PM :00 :15 :30 :45		4 PM :00 :15 :30 :45		4 PM :00 :15 :30 :45		4 PM :00 :15 :30 :45	
5 PM :00 :15 :30 :45		5 PM :00 :15 :30 :45		5 PM :00 :15 :30 :45		5 PM :00 :15 :30 :45	
6 PM :00 :15 :30 :45		6 PM :00 :15 :30 :45		6 PM :00 :15 :30 :45		6 PM :00 :15 :30 :45	
7 PM :00 :15 :30 :45		7 PM :00 :15 :30 :45		7 PM :00 :15 :30 :45		7 PM :00 :15 :30 :45	
8 PM :00 :15 :30 :45		8 PM :00 :15 :30 :45		8 PM :00 :15 :30 :45		8 PM :00 :15 :30 :45	
9 PM :00 :15 :30 :45		9 PM :00 :15 :30 :45		9 PM :00 :15 :30 :45		9 PM :00 :15 :30 :45	

	FRIDAY		SATURDAY		SUNDAY
:00		:00		:00	
7 :15		7 :15		7 :15	
AM :30		AM :30		AM :30	
:45		:45		:45	
:00		:00		:00	
8 :15		8 :15		8 :15	
AM :30		AM :30		AM :30	
:45		:45		:45	
:00		:00		:00	
9 :15		9 :15		9 :15	
AM :30		AM :30		AM :30	
:45		:45		:45	
:00		:00		:00	
10 :15		10 :15		10 :15	
AM :30		AM :30		AM :30	
:45		:45		:45	
:00		:00		:00	
11 :15		11 :15		11 :15	
AM :30		AM :30		AM :30	
:45		:45		:45	
:00		:00		:00	
12 :15		12 :15		12 :15	
PM :30		PM :30		PM :30	
:45		:45		:45	
:00		:00		:00	
1 :15		1 :15		1 :15	
PM :30		PM :30		PM :30	
:45		:45		:45	
:00		:00		:00	
2 :15		2 :15		2 :15	
PM :30		PM :30		PM :30	
:45		:45		:45	
:00		:00		:00	
3 :15		3 :15		3 :15	
PM :30		PM :30		PM :30	
:45		:45		:45	
:00		:00		:00	
4 :15		4 :15		4 :15	
PM :30		PM :30		PM :30	
:45		:45		:45	
:00		:00		:00	
5 :15		5 :15		5 :15	
PM :30		PM :30		PM :30	
:45		:45		:45	
:00		:00		:00	
6 :15		6 :15		6 :15	
PM :30		PM :30		PM :30	
:45		:45		:45	
:00		:00		:00	
7 :15		7 :15		7 :15	
PM :30		PM :30		PM :30	
:45		:45		:45	
:00		:00		:00	
8 :15		8 :15		8 :15	
PM :30		PM :30		PM :30	
:45		:45		:45	
:00		:00		:00	
9 :15		9 :15		9 :15	
PM :30		PM :30		PM :30	
:45		:45		:45	

MONTH / YEAR

MONDAY		TUESDAY		WEDNESDAY		THURSDAY	
:00		:00		:00		:00	
7 :15		7 :15		7 :15		7 :15	
AM :30		AM :30		AM :30		AM :30	
:45		:45		:45		:45	
:00		:00		:00		:00	
8 :15		8 :15		8 :15		8 :15	
AM :30		AM :30		AM :30		AM :30	
:45		:45		:45		:45	
:00		:00		:00		:00	
9 :15		9 :15		9 :15		9 :15	
AM :30		AM :30		AM :30		AM :30	
:45		:45		:45		:45	
:00		:00		:00		:00	
10 :15		10 :15		10 :15		10 :15	
AM :30		AM :30		AM :30		AM :30	
:45		:45		:45		:45	
:00		:00		:00		:00	
11 :15		11 :15		11 :15		11 :15	
AM :30		AM :30		AM :30		AM :30	
:45		:45		:45		:45	
:00		:00		:00		:00	
12 :15		12 :15		12 :15		12 :15	
PM :30		PM :30		PM :30		PM :30	
:45		:45		:45		:45	
:00		:00		:00		:00	
1 :15		1 :15		1 :15		1 :15	
PM :30		PM :30		PM :30		PM :30	
:45		:45		:45		:45	
:00		:00		:00		:00	
2 :15		2 :15		2 :15		2 :15	
PM :30		PM :30		PM :30		PM :30	
:45		:45		:45		:45	
:00		:00		:00		:00	
3 :15		3 :15		3 :15		3 :15	
PM :30		PM :30		PM :30		PM :30	
:45		:45		:45		:45	
:00		:00		:00		:00	
4 :15		4 :15		4 :15		4 :15	
PM :30		PM :30		PM :30		PM :30	
:45		:45		:45		:45	
:00		:00		:00		:00	
5 :15		5 :15		5 :15		5 :15	
PM :30		PM :30		PM :30		PM :30	
:45		:45		:45		:45	
:00		:00		:00		:00	
6 :15		6 :15		6 :15		6 :15	
PM :30		PM :30		PM :30		PM :30	
:45		:45		:45		:45	
:00		:00		:00		:00	
7 :15		7 :15		7 :15		7 :15	
PM :30		PM :30		PM :30		PM :30	
:45		:45		:45		:45	
:00		:00		:00		:00	
8 :15		8 :15		8 :15		8 :15	
PM :30		PM :30		PM :30		PM :30	
:45		:45		:45		:45	
:00		:00		:00		:00	
9 :15		9 :15		9 :15		9 :15	
PM :30		PM :30		PM :30		PM :30	
:45		:45		:45		:45	

FRIDAY		SATURDAY		SUNDAY	
:00		:00		:00	
7 :15		7 :15		7 :15	
AM :30		AM :30		AM :30	
:45		:45		:45	
:00		:00		:00	
8 :15		8 :15		8 :15	
AM :30		AM :30		AM :30	
:45		:45		:45	
:00		:00		:00	
9 :15		9 :15		9 :15	
AM :30		AM :30		AM :30	
:45		:45		:45	
:00		:00		:00	
10 :15		10 :15		10 :15	
AM :30		AM :30		AM :30	
:45		:45		:45	
:00		:00		:00	
11 :15		11 :15		11 :15	
AM :30		AM :30		AM :30	
:45		:45		:45	
:00		:00		:00	
12 :15		12 :15		12 :15	
PM :30		PM :30		PM :30	
:45		:45		:45	
:00		:00		:00	
1 :15		1 :15		1 :15	
PM :30		PM :30		PM :30	
:45		:45		:45	
:00		:00		:00	
2 :15		2 :15		2 :15	
PM :30		PM :30		PM :30	
:45		:45		:45	
:00		:00		:00	
3 :15		3 :15		3 :15	
PM :30		PM :30		PM :30	
:45		:45		:45	
:00		:00		:00	
4 :15		4 :15		4 :15	
PM :30		PM :30		PM :30	
:45		:45		:45	
:00		:00		:00	
5 :15		5 :15		5 :15	
PM :30		PM :30		PM :30	
:45		:45		:45	
:00		:00		:00	
6 :15		6 :15		6 :15	
PM :30		PM :30		PM :30	
:45		:45		:45	
:00		:00		:00	
7 :15		7 :15		7 :15	
PM :30		PM :30		PM :30	
:45		:45		:45	
:00		:00		:00	
8 :15		8 :15		8 :15	
PM :30		PM :30		PM :30	
:45		:45		:45	
:00		:00		:00	
9 :15		9 :15		9 :15	
PM :30		PM :30		PM :30	
:45		:45		:45	

MONTH / YEAR

MONDAY		TUESDAY		WEDNESDAY		THURSDAY	
7 AM :00 :15 :30 :45		7 AM :00 :15 :30 :45		7 AM :00 :15 :30 :45		7 AM :00 :15 :30 :45	
8 AM :00 :15 :30 :45		8 AM :00 :15 :30 :45		8 AM :00 :15 :30 :45		8 AM :00 :15 :30 :45	
9 AM :00 :15 :30 :45		9 AM :00 :15 :30 :45		9 AM :00 :15 :30 :45		9 AM :00 :15 :30 :45	
10 AM :00 :15 :30 :45		10 AM :00 :15 :30 :45		10 AM :00 :15 :30 :45		10 AM :00 :15 :30 :45	
11 AM :00 :15 :30 :45		11 AM :00 :15 :30 :45		11 AM :00 :15 :30 :45		11 AM :00 :15 :30 :45	
12 PM :00 :15 :30 :45		12 PM :00 :15 :30 :45		12 PM :00 :15 :30 :45		12 PM :00 :15 :30 :45	
1 PM :00 :15 :30 :45		1 PM :00 :15 :30 :45		1 PM :00 :15 :30 :45		1 PM :00 :15 :30 :45	
2 PM :00 :15 :30 :45		2 PM :00 :15 :30 :45		2 PM :00 :15 :30 :45		2 PM :00 :15 :30 :45	
3 PM :00 :15 :30 :45		3 PM :00 :15 :30 :45		3 PM :00 :15 :30 :45		3 PM :00 :15 :30 :45	
4 PM :00 :15 :30 :45		4 PM :00 :15 :30 :45		4 PM :00 :15 :30 :45		4 PM :00 :15 :30 :45	
5 PM :00 :15 :30 :45		5 PM :00 :15 :30 :45		5 PM :00 :15 :30 :45		5 PM :00 :15 :30 :45	
6 PM :00 :15 :30 :45		6 PM :00 :15 :30 :45		6 PM :00 :15 :30 :45		6 PM :00 :15 :30 :45	
7 PM :00 :15 :30 :45		7 PM :00 :15 :30 :45		7 PM :00 :15 :30 :45		7 PM :00 :15 :30 :45	
8 PM :00 :15 :30 :45		8 PM :00 :15 :30 :45		8 PM :00 :15 :30 :45		8 PM :00 :15 :30 :45	
9 PM :00 :15 :30 :45		9 PM :00 :15 :30 :45		9 PM :00 :15 :30 :45		9 PM :00 :15 :30 :45	

FRIDAY		SATURDAY		SUNDAY	
:00		:00		:00	
7 :15		7 :15		7 :15	
AM :30		AM :30		AM :30	
:45		:45		:45	
:00		:00		:00	
8 :15		8 :15		8 :15	
AM :30		AM :30		AM :30	
:45		:45		:45	
:00		:00		:00	
9 :15		9 :15		9 :15	
AM :30		AM :30		AM :30	
:45		:45		:45	
:00		:00		:00	
10 :15		10 :15		10 :15	
AM :30		AM :30		AM :30	
:45		:45		:45	
:00		:00		:00	
11 :15		11 :15		11 :15	
AM :30		AM :30		AM :30	
:45		:45		:45	
:00		:00		:00	
12 :15		12 :15		12 :15	
PM :30		PM :30		PM :30	
:45		:45		:45	
:00		:00		:00	
1 :15		1 :15		1 :15	
PM :30		PM :30		PM :30	
:45		:45		:45	
:00		:00		:00	
2 :15		2 :15		2 :15	
PM :30		PM :30		PM :30	
:45		:45		:45	
:00		:00		:00	
3 :15		3 :15		3 :15	
PM :30		PM :30		PM :30	
:45		:45		:45	
:00		:00		:00	
4 :15		4 :15		4 :15	
PM :30		PM :30		PM :30	
:45		:45		:45	
:00		:00		:00	
5 :15		5 :15		5 :15	
PM :30		PM :30		PM :30	
:45		:45		:45	
:00		:00		:00	
6 :15		6 :15		6 :15	
PM :30		PM :30		PM :30	
:45		:45		:45	
:00		:00		:00	
7 :15		7 :15		7 :15	
PM :30		PM :30		PM :30	
:45		:45		:45	
:00		:00		:00	
8 :15		8 :15		8 :15	
PM :30		PM :30		PM :30	
:45		:45		:45	
:00		:00		:00	
9 :15		9 :15		9 :15	
PM :30		PM :30		PM :30	
:45		:45		:45	

MONTH / YEAR

MONDAY		TUESDAY		WEDNESDAY		THURSDAY	
:00		:00		:00		:00	
7 :15		7 :15		7 :15		7 :15	
AM :30		AM :30		AM :30		AM :30	
:45		:45		:45		:45	
:00		:00		:00		:00	
8 :15		8 :15		8 :15		8 :15	
AM :30		AM :30		AM :30		AM :30	
:45		:45		:45		:45	
:00		:00		:00		:00	
9 :15		9 :15		9 :15		9 :15	
AM :30		AM :30		AM :30		AM :30	
:45		:45		:45		:45	
:00		:00		:00		:00	
10 :15		10 :15		10 :15		10 :15	
AM :30		AM :30		AM :30		AM :30	
:45		:45		:45		:45	
:00		:00		:00		:00	
11 :15		11 :15		11 :15		11 :15	
AM :30		AM :30		AM :30		AM :30	
:45		:45		:45		:45	
:00		:00		:00		:00	
12 :15		12 :15		12 :15		12 :15	
PM :30		PM :30		PM :30		PM :30	
:45		:45		:45		:45	
:00		:00		:00		:00	
1 :15		1 :15		1 :15		1 :15	
PM :30		PM :30		PM :30		PM :30	
:45		:45		:45		:45	
:00		:00		:00		:00	
2 :15		2 :15		2 :15		2 :15	
PM :30		PM :30		PM :30		PM :30	
:45		:45		:45		:45	
:00		:00		:00		:00	
3 :15		3 :15		3 :15		3 :15	
PM :30		PM :30		PM :30		PM :30	
:45		:45		:45		:45	
:00		:00		:00		:00	
4 :15		4 :15		4 :15		4 :15	
PM :30		PM :30		PM :30		PM :30	
:45		:45		:45		:45	
:00		:00		:00		:00	
5 :15		5 :15		5 :15		5 :15	
PM :30		PM :30		PM :30		PM :30	
:45		:45		:45		:45	
:00		:00		:00		:00	
6 :15		6 :15		6 :15		6 :15	
PM :30		PM :30		PM :30		PM :30	
:45		:45		:45		:45	
:00		:00		:00		:00	
7 :15		7 :15		7 :15		7 :15	
PM :30		PM :30		PM :30		PM :30	
:45		:45		:45		:45	
:00		:00		:00		:00	
8 :15		8 :15		8 :15		8 :15	
PM :30		PM :30		PM :30		PM :30	
:45		:45		:45		:45	
:00		:00		:00		:00	
9 :15		9 :15		9 :15		9 :15	
PM :30		PM :30		PM :30		PM :30	
:45		:45		:45		:45	

FRIDAY	SATURDAY	SUNDAY
7 AM :00 :15 :30 :45	7 AM :00 :15 :30 :45	7 AM :00 :15 :30 :45
8 AM :00 :15 :30 :45	8 AM :00 :15 :30 :45	8 AM :00 :15 :30 :45
9 AM :00 :15 :30 :45	9 AM :00 :15 :30 :45	9 AM :00 :15 :30 :45
10 AM :00 :15 :30 :45	10 AM :00 :15 :30 :45	10 AM :00 :15 :30 :45
11 AM :00 :15 :30 :45	11 AM :00 :15 :30 :45	11 AM :00 :15 :30 :45
12 PM :00 :15 :30 :45	12 PM :00 :15 :30 :45	12 PM :00 :15 :30 :45
1 PM :00 :15 :30 :45	1 PM :00 :15 :30 :45	1 PM :00 :15 :30 :45
2 PM :00 :15 :30 :45	2 PM :00 :15 :30 :45	2 PM :00 :15 :30 :45
3 PM :00 :15 :30 :45	3 PM :00 :15 :30 :45	3 PM :00 :15 :30 :45
4 PM :00 :15 :30 :45	4 PM :00 :15 :30 :45	4 PM :00 :15 :30 :45
5 PM :00 :15 :30 :45	5 PM :00 :15 :30 :45	5 PM :00 :15 :30 :45
6 PM :00 :15 :30 :45	6 PM :00 :15 :30 :45	6 PM :00 :15 :30 :45
7 PM :00 :15 :30 :45	7 PM :00 :15 :30 :45	7 PM :00 :15 :30 :45
8 PM :00 :15 :30 :45	8 PM :00 :15 :30 :45	8 PM :00 :15 :30 :45
9 PM :00 :15 :30 :45	9 PM :00 :15 :30 :45	9 PM :00 :15 :30 :45

MONTH / YEAR

MONDAY		TUESDAY		WEDNESDAY		THURSDAY	
:00		:00		:00		:00	
7 :15		7 :15		7 :15		7 :15	
AM :30		AM :30		AM :30		AM :30	
:45		:45		:45		:45	
:00		:00		:00		:00	
8 :15		8 :15		8 :15		8 :15	
AM :30		AM :30		AM :30		AM :30	
:45		:45		:45		:45	
:00		:00		:00		:00	
9 :15		9 :15		9 :15		9 :15	
AM :30		AM :30		AM :30		AM :30	
:45		:45		:45		:45	
:00		:00		:00		:00	
10 :15		10 :15		10 :15		10 :15	
AM :30		AM :30		AM :30		AM :30	
:45		:45		:45		:45	
:00		:00		:00		:00	
11 :15		11 :15		11 :15		11 :15	
AM :30		AM :30		AM :30		AM :30	
:45		:45		:45		:45	
:00		:00		:00		:00	
12 :15		12 :15		12 :15		12 :15	
PM :30		PM :30		PM :30		PM :30	
:45		:45		:45		:45	
:00		:00		:00		:00	
1 :15		1 :15		1 :15		1 :15	
PM :30		PM :30		PM :30		PM :30	
:45		:45		:45		:45	
:00		:00		:00		:00	
2 :15		2 :15		2 :15		2 :15	
PM :30		PM :30		PM :30		PM :30	
:45		:45		:45		:45	
:00		:00		:00		:00	
3 :15		3 :15		3 :15		3 :15	
PM :30		PM :30		PM :30		PM :30	
:45		:45		:45		:45	
:00		:00		:00		:00	
4 :15		4 :15		4 :15		4 :15	
PM :30		PM :30		PM :30		PM :30	
:45		:45		:45		:45	
:00		:00		:00		:00	
5 :15		5 :15		5 :15		5 :15	
PM :30		PM :30		PM :30		PM :30	
:45		:45		:45		:45	
:00		:00		:00		:00	
6 :15		6 :15		6 :15		6 :15	
PM :30		PM :30		PM :30		PM :30	
:45		:45		:45		:45	
:00		:00		:00		:00	
7 :15		7 :15		7 :15		7 :15	
PM :30		PM :30		PM :30		PM :30	
:45		:45		:45		:45	
:00		:00		:00		:00	
8 :15		8 :15		8 :15		8 :15	
PM :30		PM :30		PM :30		PM :30	
:45		:45		:45		:45	
:00		:00		:00		:00	
9 :15		9 :15		9 :15		9 :15	
PM :30		PM :30		PM :30		PM :30	
:45		:45		:45		:45	

	FRIDAY	SATURDAY	SUNDAY
7 AM :00			
:15			
:30			
:45			
8 AM :00			
:15			
:30			
:45			
9 AM :00			
:15			
:30			
:45			
10 AM :00			
:15			
:30			
:45			
11 AM :00			
:15			
:30			
:45			
12 PM :00			
:15			
:30			
:45			
1 PM :00			
:15			
:30			
:45			
2 PM :00			
:15			
:30			
:45			
3 PM :00			
:15			
:30			
:45			
4 PM :00			
:15			
:30			
:45			
5 PM :00			
:15			
:30			
:45			
6 PM :00			
:15			
:30			
:45			
7 PM :00			
:15			
:30			
:45			
8 PM :00			
:15			
:30			
:45			
9 PM :00			
:15			
:30			
:45			

MONTH / YEAR

MONDAY	TUESDAY	WEDNESDAY	THURSDAY
7 AM :00 :15 :30 :45	7 AM :00 :15 :30 :45	7 AM :00 :15 :30 :45	7 AM :00 :15 :30 :45
8 AM :00 :15 :30 :45	8 AM :00 :15 :30 :45	8 AM :00 :15 :30 :45	8 AM :00 :15 :30 :45
9 AM :00 :15 :30 :45	9 AM :00 :15 :30 :45	9 AM :00 :15 :30 :45	9 AM :00 :15 :30 :45
10 AM :00 :15 :30 :45	10 AM :00 :15 :30 :45	10 AM :00 :15 :30 :45	10 AM :00 :15 :30 :45
11 AM :00 :15 :30 :45	11 AM :00 :15 :30 :45	11 AM :00 :15 :30 :45	11 AM :00 :15 :30 :45
12 PM :00 :15 :30 :45	12 PM :00 :15 :30 :45	12 PM :00 :15 :30 :45	12 PM :00 :15 :30 :45
1 PM :00 :15 :30 :45	1 PM :00 :15 :30 :45	1 PM :00 :15 :30 :45	1 PM :00 :15 :30 :45
2 PM :00 :15 :30 :45	2 PM :00 :15 :30 :45	2 PM :00 :15 :30 :45	2 PM :00 :15 :30 :45
3 PM :00 :15 :30 :45	3 PM :00 :15 :30 :45	3 PM :00 :15 :30 :45	3 PM :00 :15 :30 :45
4 PM :00 :15 :30 :45	4 PM :00 :15 :30 :45	4 PM :00 :15 :30 :45	4 PM :00 :15 :30 :45
5 PM :00 :15 :30 :45	5 PM :00 :15 :30 :45	5 PM :00 :15 :30 :45	5 PM :00 :15 :30 :45
6 PM :00 :15 :30 :45	6 PM :00 :15 :30 :45	6 PM :00 :15 :30 :45	6 PM :00 :15 :30 :45
7 PM :00 :15 :30 :45	7 PM :00 :15 :30 :45	7 PM :00 :15 :30 :45	7 PM :00 :15 :30 :45
8 PM :00 :15 :30 :45	8 PM :00 :15 :30 :45	8 PM :00 :15 :30 :45	8 PM :00 :15 :30 :45
9 PM :00 :15 :30 :45	9 PM :00 :15 :30 :45	9 PM :00 :15 :30 :45	9 PM :00 :15 :30 :45

FRIDAY		SATURDAY		SUNDAY	
7 AM :00		7 AM :00		7 AM :00	
:15		:15		:15	
:30		:30		:30	
:45		:45		:45	
8 AM :00		8 AM :00		8 AM :00	
:15		:15		:15	
:30		:30		:30	
:45		:45		:45	
9 AM :00		9 AM :00		9 AM :00	
:15		:15		:15	
:30		:30		:30	
:45		:45		:45	
10 AM :00		10 AM :00		10 AM :00	
:15		:15		:15	
:30		:30		:30	
:45		:45		:45	
11 AM :00		11 AM :00		11 AM :00	
:15		:15		:15	
:30		:30		:30	
:45		:45		:45	
12 PM :00		12 PM :00		12 PM :00	
:15		:15		:15	
:30		:30		:30	
:45		:45		:45	
1 PM :00		1 PM :00		1 PM :00	
:15		:15		:15	
:30		:30		:30	
:45		:45		:45	
2 PM :00		2 PM :00		2 PM :00	
:15		:15		:15	
:30		:30		:30	
:45		:45		:45	
3 PM :00		3 PM :00		3 PM :00	
:15		:15		:15	
:30		:30		:30	
:45		:45		:45	
4 PM :00		4 PM :00		4 PM :00	
:15		:15		:15	
:30		:30		:30	
:45		:45		:45	
5 PM :00		5 PM :00		5 PM :00	
:15		:15		:15	
:30		:30		:30	
:45		:45		:45	
6 PM :00		6 PM :00		6 PM :00	
:15		:15		:15	
:30		:30		:30	
:45		:45		:45	
7 PM :00		7 PM :00		7 PM :00	
:15		:15		:15	
:30		:30		:30	
:45		:45		:45	
8 PM :00		8 PM :00		8 PM :00	
:15		:15		:15	
:30		:30		:30	
:45		:45		:45	
9 PM :00		9 PM :00		9 PM :00	
:15		:15		:15	
:30		:30		:30	
:45		:45		:45	

MONTH / YEAR

MONDAY		TUESDAY		WEDNESDAY		THURSDAY	
:00		:00		:00		:00	
7 :15		7 :15		7 :15		7 :15	
AM :30		AM :30		AM :30		AM :30	
:45		:45		:45		:45	
:00		:00		:00		:00	
8 :15		8 :15		8 :15		8 :15	
AM :30		AM :30		AM :30		AM :30	
:45		:45		:45		:45	
:00		:00		:00		:00	
9 :15		9 :15		9 :15		9 :15	
AM :30		AM :30		AM :30		AM :30	
:45		:45		:45		:45	
:00		:00		:00		:00	
10 :15		10 :15		10 :15		10 :15	
AM :30		AM :30		AM :30		AM :30	
:45		:45		:45		:45	
:00		:00		:00		:00	
11 :15		11 :15		11 :15		11 :15	
AM :30		AM :30		AM :30		AM :30	
:45		:45		:45		:45	
:00		:00		:00		:00	
12 :15		12 :15		12 :15		12 :15	
PM :30		PM :30		PM :30		PM :30	
:45		:45		:45		:45	
:00		:00		:00		:00	
1 :15		1 :15		1 :15		1 :15	
PM :30		PM :30		PM :30		PM :30	
:45		:45		:45		:45	
:00		:00		:00		:00	
2 :15		2 :15		2 :15		2 :15	
PM :30		PM :30		PM :30		PM :30	
:45		:45		:45		:45	
:00		:00		:00		:00	
3 :15		3 :15		3 :15		3 :15	
PM :30		PM :30		PM :30		PM :30	
:45		:45		:45		:45	
:00		:00		:00		:00	
4 :15		4 :15		4 :15		4 :15	
PM :30		PM :30		PM :30		PM :30	
:45		:45		:45		:45	
:00		:00		:00		:00	
5 :15		5 :15		5 :15		5 :15	
PM :30		PM :30		PM :30		PM :30	
:45		:45		:45		:45	
:00		:00		:00		:00	
6 :15		6 :15		6 :15		6 :15	
PM :30		PM :30		PM :30		PM :30	
:45		:45		:45		:45	
:00		:00		:00		:00	
7 :15		7 :15		7 :15		7 :15	
PM :30		PM :30		PM :30		PM :30	
:45		:45		:45		:45	
:00		:00		:00		:00	
8 :15		8 :15		8 :15		8 :15	
PM :30		PM :30		PM :30		PM :30	
:45		:45		:45		:45	
:00		:00		:00		:00	
9 :15		9 :15		9 :15		9 :15	
PM :30		PM :30		PM :30		PM :30	
:45		:45		:45		:45	

FRIDAY		SATURDAY		SUNDAY	
:00		:00		:00	
7 :15		7 :15		7 :15	
AM :30		AM :30		AM :30	
:45		:45		:45	
:00		:00		:00	
8 :15		8 :15		8 :15	
AM :30		AM :30		AM :30	
:45		:45		:45	
:00		:00		:00	
9 :15		9 :15		9 :15	
AM :30		AM :30		AM :30	
:45		:45		:45	
:00		:00		:00	
10 :15		10 :15		10 :15	
AM :30		AM :30		AM :30	
:45		:45		:45	
:00		:00		:00	
11 :15		11 :15		11 :15	
AM :30		AM :30		AM :30	
:45		:45		:45	
:00		:00		:00	
12 :15		12 :15		12 :15	
PM :30		PM :30		PM :30	
:45		:45		:45	
:00		:00		:00	
1 :15		1 :15		1 :15	
PM :30		PM :30		PM :30	
:45		:45		:45	
:00		:00		:00	
2 :15		2 :15		2 :15	
PM :30		PM :30		PM :30	
:45		:45		:45	
:00		:00		:00	
3 :15		3 :15		3 :15	
PM :30		PM :30		PM :30	
:45		:45		:45	
:00		:00		:00	
4 :15		4 :15		4 :15	
PM :30		PM :30		PM :30	
:45		:45		:45	
:00		:00		:00	
5 :15		5 :15		5 :15	
PM :30		PM :30		PM :30	
:45		:45		:45	
:00		:00		:00	
6 :15		6 :15		6 :15	
PM :30		PM :30		PM :30	
:45		:45		:45	
:00		:00		:00	
7 :15		7 :15		7 :15	
PM :30		PM :30		PM :30	
:45		:45		:45	
:00		:00		:00	
8 :15		8 :15		8 :15	
PM :30		PM :30		PM :30	
:45		:45		:45	
:00		:00		:00	
9 :15		9 :15		9 :15	
PM :30		PM :30		PM :30	
:45		:45		:45	

MONTH / YEAR

MONDAY		TUESDAY		WEDNESDAY		THURSDAY	
:00		:00		:00		:00	
7 :15		7 :15		7 :15		7 :15	
AM :30		AM :30		AM :30		AM :30	
:45		:45		:45		:45	
:00		:00		:00		:00	
8 :15		8 :15		8 :15		8 :15	
AM :30		AM :30		AM :30		AM :30	
:45		:45		:45		:45	
:00		:00		:00		:00	
9 :15		9 :15		9 :15		9 :15	
AM :30		AM :30		AM :30		AM :30	
:45		:45		:45		:45	
:00		:00		:00		:00	
10 :15		10 :15		10 :15		10 :15	
AM :30		AM :30		AM :30		AM :30	
:45		:45		:45		:45	
:00		:00		:00		:00	
11 :15		11 :15		11 :15		11 :15	
AM :30		AM :30		AM :30		AM :30	
:45		:45		:45		:45	
:00		:00		:00		:00	
12 :15		12 :15		12 :15		12 :15	
PM :30		PM :30		PM :30		PM :30	
:45		:45		:45		:45	
:00		:00		:00		:00	
1 :15		1 :15		1 :15		1 :15	
PM :30		PM :30		PM :30		PM :30	
:45		:45		:45		:45	
:00		:00		:00		:00	
2 :15		2 :15		2 :15		2 :15	
PM :30		PM :30		PM :30		PM :30	
:45		:45		:45		:45	
:00		:00		:00		:00	
3 :15		3 :15		3 :15		3 :15	
PM :30		PM :30		PM :30		PM :30	
:45		:45		:45		:45	
:00		:00		:00		:00	
4 :15		4 :15		4 :15		4 :15	
PM :30		PM :30		PM :30		PM :30	
:45		:45		:45		:45	
:00		:00		:00		:00	
5 :15		5 :15		5 :15		5 :15	
PM :30		PM :30		PM :30		PM :30	
:45		:45		:45		:45	
:00		:00		:00		:00	
6 :15		6 :15		6 :15		6 :15	
PM :30		PM :30		PM :30		PM :30	
:45		:45		:45		:45	
:00		:00		:00		:00	
7 :15		7 :15		7 :15		7 :15	
PM :30		PM :30		PM :30		PM :30	
:45		:45		:45		:45	
:00		:00		:00		:00	
8 :15		8 :15		8 :15		8 :15	
PM :30		PM :30		PM :30		PM :30	
:45		:45		:45		:45	
:00		:00		:00		:00	
9 :15		9 :15		9 :15		9 :15	
PM :30		PM :30		PM :30		PM :30	
:45		:45		:45		:45	

FRIDAY		SATURDAY		SUNDAY	
:00		:00		:00	
7 :15		7 :15		7 :15	
AM :30		AM :30		AM :30	
:45		:45		:45	
:00		:00		:00	
8 :15		8 :15		8 :15	
AM :30		AM :30		AM :30	
:45		:45		:45	
:00		:00		:00	
9 :15		9 :15		9 :15	
AM :30		AM :30		AM :30	
:45		:45		:45	
:00		:00		:00	
10 :15		10 :15		10 :15	
AM :30		AM :30		AM :30	
:45		:45		:45	
:00		:00		:00	
11 :15		11 :15		11 :15	
AM :30		AM :30		AM :30	
:45		:45		:45	
:00		:00		:00	
12 :15		12 :15		12 :15	
PM :30		PM :30		PM :30	
:45		:45		:45	
:00		:00		:00	
1 :15		1 :15		1 :15	
PM :30		PM :30		PM :30	
:45		:45		:45	
:00		:00		:00	
2 :15		2 :15		2 :15	
PM :30		PM :30		PM :30	
:45		:45		:45	
:00		:00		:00	
3 :15		3 :15		3 :15	
PM :30		PM :30		PM :30	
:45		:45		:45	
:00		:00		:00	
4 :15		4 :15		4 :15	
PM :30		PM :30		PM :30	
:45		:45		:45	
:00		:00		:00	
5 :15		5 :15		5 :15	
PM :30		PM :30		PM :30	
:45		:45		:45	
:00		:00		:00	
6 :15		6 :15		6 :15	
PM :30		PM :30		PM :30	
:45		:45		:45	
:00		:00		:00	
7 :15		7 :15		7 :15	
PM :30		PM :30		PM :30	
:45		:45		:45	
:00		:00		:00	
8 :15		8 :15		8 :15	
PM :30		PM :30		PM :30	
:45		:45		:45	
:00		:00		:00	
9 :15		9 :15		9 :15	
PM :30		PM :30		PM :30	
:45		:45		:45	

MONTH / YEAR

MONDAY		TUESDAY		WEDNESDAY		THURSDAY	
:00		:00		:00		:00	
7 :15		7 :15		7 :15		7 :15	
AM :30		AM :30		AM :30		AM :30	
:45		:45		:45		:45	
:00		:00		:00		:00	
8 :15		8 :15		8 :15		8 :15	
AM :30		AM :30		AM :30		AM :30	
:45		:45		:45		:45	
:00		:00		:00		:00	
9 :15		9 :15		9 :15		9 :15	
AM :30		AM :30		AM :30		AM :30	
:45		:45		:45		:45	
:00		:00		:00		:00	
10 :15		10 :15		10 :15		10 :15	
AM :30		AM :30		AM :30		AM :30	
:45		:45		:45		:45	
:00		:00		:00		:00	
11 :15		11 :15		11 :15		11 :15	
AM :30		AM :30		AM :30		AM :30	
:45		:45		:45		:45	
:00		:00		:00		:00	
12 :15		12 :15		12 :15		12 :15	
PM :30		PM :30		PM :30		PM :30	
:45		:45		:45		:45	
:00		:00		:00		:00	
1 :15		1 :15		1 :15		1 :15	
PM :30		PM :30		PM :30		PM :30	
:45		:45		:45		:45	
:00		:00		:00		:00	
2 :15		2 :15		2 :15		2 :15	
PM :30		PM :30		PM :30		PM :30	
:45		:45		:45		:45	
:00		:00		:00		:00	
3 :15		3 :15		3 :15		3 :15	
PM :30		PM :30		PM :30		PM :30	
:45		:45		:45		:45	
:00		:00		:00		:00	
4 :15		4 :15		4 :15		4 :15	
PM :30		PM :30		PM :30		PM :30	
:45		:45		:45		:45	
:00		:00		:00		:00	
5 :15		5 :15		5 :15		5 :15	
PM :30		PM :30		PM :30		PM :30	
:45		:45		:45		:45	
:00		:00		:00		:00	
6 :15		6 :15		6 :15		6 :15	
PM :30		PM :30		PM :30		PM :30	
:45		:45		:45		:45	
:00		:00		:00		:00	
7 :15		7 :15		7 :15		7 :15	
PM :30		PM :30		PM :30		PM :30	
:45		:45		:45		:45	
:00		:00		:00		:00	
8 :15		8 :15		8 :15		8 :15	
PM :30		PM :30		PM :30		PM :30	
:45		:45		:45		:45	
:00		:00		:00		:00	
9 :15		9 :15		9 :15		9 :15	
PM :30		PM :30		PM :30		PM :30	
:45		:45		:45		:45	

FRIDAY		SATURDAY		SUNDAY	
7 AM :00 :15 :30 :45		7 AM :00 :15 :30 :45		7 AM :00 :15 :30 :45	
8 AM :00 :15 :30 :45		8 AM :00 :15 :30 :45		8 AM :00 :15 :30 :45	
9 AM :00 :15 :30 :45		9 AM :00 :15 :30 :45		9 AM :00 :15 :30 :45	
10 AM :00 :15 :30 :45		10 AM :00 :15 :30 :45		10 AM :00 :15 :30 :45	
11 AM :00 :15 :30 :45		11 AM :00 :15 :30 :45		11 AM :00 :15 :30 :45	
12 PM :00 :15 :30 :45		12 PM :00 :15 :30 :45		12 PM :00 :15 :30 :45	
1 PM :00 :15 :30 :45		1 PM :00 :15 :30 :45		1 PM :00 :15 :30 :45	
2 PM :00 :15 :30 :45		2 PM :00 :15 :30 :45		2 PM :00 :15 :30 :45	
3 PM :00 :15 :30 :45		3 PM :00 :15 :30 :45		3 PM :00 :15 :30 :45	
4 PM :00 :15 :30 :45		4 PM :00 :15 :30 :45		4 PM :00 :15 :30 :45	
5 PM :00 :15 :30 :45		5 PM :00 :15 :30 :45		5 PM :00 :15 :30 :45	
6 PM :00 :15 :30 :45		6 PM :00 :15 :30 :45		6 PM :00 :15 :30 :45	
7 PM :00 :15 :30 :45		7 PM :00 :15 :30 :45		7 PM :00 :15 :30 :45	
8 PM :00 :15 :30 :45		8 PM :00 :15 :30 :45		8 PM :00 :15 :30 :45	
9 PM :00 :15 :30 :45		9 PM :00 :15 :30 :45		9 PM :00 :15 :30 :45	

MONTH / YEAR

MONDAY		TUESDAY		WEDNESDAY		THURSDAY	
:00		:00		:00		:00	
7 :15		7 :15		7 :15		7 :15	
AM :30		AM :30		AM :30		AM :30	
:45		:45		:45		:45	
:00		:00		:00		:00	
8 :15		8 :15		8 :15		8 :15	
AM :30		AM :30		AM :30		AM :30	
:45		:45		:45		:45	
:00		:00		:00		:00	
9 :15		9 :15		9 :15		9 :15	
AM :30		AM :30		AM :30		AM :30	
:45		:45		:45		:45	
:00		:00		:00		:00	
10 :15		10 :15		10 :15		10 :15	
AM :30		AM :30		AM :30		AM :30	
:45		:45		:45		:45	
:00		:00		:00		:00	
11 :15		11 :15		11 :15		11 :15	
AM :30		AM :30		AM :30		AM :30	
:45		:45		:45		:45	
:00		:00		:00		:00	
12 :15		12 :15		12 :15		12 :15	
PM :30		PM :30		PM :30		PM :30	
:45		:45		:45		:45	
:00		:00		:00		:00	
1 :15		1 :15		1 :15		1 :15	
PM :30		PM :30		PM :30		PM :30	
:45		:45		:45		:45	
:00		:00		:00		:00	
2 :15		2 :15		2 :15		2 :15	
PM :30		PM :30		PM :30		PM :30	
:45		:45		:45		:45	
:00		:00		:00		:00	
3 :15		3 :15		3 :15		3 :15	
PM :30		PM :30		PM :30		PM :30	
:45		:45		:45		:45	
:00		:00		:00		:00	
4 :15		4 :15		4 :15		4 :15	
PM :30		PM :30		PM :30		PM :30	
:45		:45		:45		:45	
:00		:00		:00		:00	
5 :15		5 :15		5 :15		5 :15	
PM :30		PM :30		PM :30		PM :30	
:45		:45		:45		:45	
:00		:00		:00		:00	
6 :15		6 :15		6 :15		6 :15	
PM :30		PM :30		PM :30		PM :30	
:45		:45		:45		:45	
:00		:00		:00		:00	
7 :15		7 :15		7 :15		7 :15	
PM :30		PM :30		PM :30		PM :30	
:45		:45		:45		:45	
:00		:00		:00		:00	
8 :15		8 :15		8 :15		8 :15	
PM :30		PM :30		PM :30		PM :30	
:45		:45		:45		:45	
:00		:00		:00		:00	
9 :15		9 :15		9 :15		9 :15	
PM :30		PM :30		PM :30		PM :30	
:45		:45		:45		:45	

FRIDAY		SATURDAY		SUNDAY		MONTH / YEAR
7 AM :00 :15 :30 :45		7 AM :00 :15 :30 :45		7 AM :00 :15 :30 :45		
8 AM :00 :15 :30 :45		8 AM :00 :15 :30 :45		8 AM :00 :15 :30 :45		
9 AM :00 :15 :30 :45		9 AM :00 :15 :30 :45		9 AM :00 :15 :30 :45		
10 AM :00 :15 :30 :45		10 AM :00 :15 :30 :45		10 AM :00 :15 :30 :45		
11 AM :00 :15 :30 :45		11 AM :00 :15 :30 :45		11 AM :00 :15 :30 :45		
12 PM :00 :15 :30 :45		12 PM :00 :15 :30 :45		12 PM :00 :15 :30 :45		
1 PM :00 :15 :30 :45		1 PM :00 :15 :30 :45		1 PM :00 :15 :30 :45		
2 PM :00 :15 :30 :45		2 PM :00 :15 :30 :45		2 PM :00 :15 :30 :45		
3 PM :00 :15 :30 :45		3 PM :00 :15 :30 :45		3 PM :00 :15 :30 :45		
4 PM :00 :15 :30 :45		4 PM :00 :15 :30 :45		4 PM :00 :15 :30 :45		
5 PM :00 :15 :30 :45		5 PM :00 :15 :30 :45		5 PM :00 :15 :30 :45		
6 PM :00 :15 :30 :45		6 PM :00 :15 :30 :45		6 PM :00 :15 :30 :45		
7 PM :00 :15 :30 :45		7 PM :00 :15 :30 :45		7 PM :00 :15 :30 :45		
8 PM :00 :15 :30 :45		8 PM :00 :15 :30 :45		8 PM :00 :15 :30 :45		
9 PM :00 :15 :30 :45		9 PM :00 :15 :30 :45		9 PM :00 :15 :30 :45		

MONDAY	TUESDAY	WEDNESDAY	THURSDAY
7 AM :00 :15 :30 :45	7 AM :00 :15 :30 :45	7 AM :00 :15 :30 :45	7 AM :00 :15 :30 :45
8 AM :00 :15 :30 :45	8 AM :00 :15 :30 :45	8 AM :00 :15 :30 :45	8 AM :00 :15 :30 :45
9 AM :00 :15 :30 :45	9 AM :00 :15 :30 :45	9 AM :00 :15 :30 :45	9 AM :00 :15 :30 :45
10 AM :00 :15 :30 :45	10 AM :00 :15 :30 :45	10 AM :00 :15 :30 :45	10 AM :00 :15 :30 :45
11 AM :00 :15 :30 :45	11 AM :00 :15 :30 :45	11 AM :00 :15 :30 :45	11 AM :00 :15 :30 :45
12 PM :00 :15 :30 :45	12 PM :00 :15 :30 :45	12 PM :00 :15 :30 :45	12 PM :00 :15 :30 :45
1 PM :00 :15 :30 :45	1 PM :00 :15 :30 :45	1 PM :00 :15 :30 :45	1 PM :00 :15 :30 :45
2 PM :00 :15 :30 :45	2 PM :00 :15 :30 :45	2 PM :00 :15 :30 :45	2 PM :00 :15 :30 :45
3 PM :00 :15 :30 :45	3 PM :00 :15 :30 :45	3 PM :00 :15 :30 :45	3 PM :00 :15 :30 :45
4 PM :00 :15 :30 :45	4 PM :00 :15 :30 :45	4 PM :00 :15 :30 :45	4 PM :00 :15 :30 :45
5 PM :00 :15 :30 :45	5 PM :00 :15 :30 :45	5 PM :00 :15 :30 :45	5 PM :00 :15 :30 :45
6 PM :00 :15 :30 :45	6 PM :00 :15 :30 :45	6 PM :00 :15 :30 :45	6 PM :00 :15 :30 :45
7 PM :00 :15 :30 :45	7 PM :00 :15 :30 :45	7 PM :00 :15 :30 :45	7 PM :00 :15 :30 :45
8 PM :00 :15 :30 :45	8 PM :00 :15 :30 :45	8 PM :00 :15 :30 :45	8 PM :00 :15 :30 :45
9 PM :00 :15 :30 :45	9 PM :00 :15 :30 :45	9 PM :00 :15 :30 :45	9 PM :00 :15 :30 :45

Time	FRIDAY	SATURDAY	SUNDAY
7 AM :00			
:15			
:30			
:45			
8 AM :00			
:15			
:30			
:45			
9 AM :00			
:15			
:30			
:45			
10 AM :00			
:15			
:30			
:45			
11 AM :00			
:15			
:30			
:45			
12 PM :00			
:15			
:30			
:45			
1 PM :00			
:15			
:30			
:45			
2 PM :00			
:15			
:30			
:45			
3 PM :00			
:15			
:30			
:45			
4 PM :00			
:15			
:30			
:45			
5 PM :00			
:15			
:30			
:45			
6 PM :00			
:15			
:30			
:45			
7 PM :00			
:15			
:30			
:45			
8 PM :00			
:15			
:30			
:45			
9 PM :00			
:15			
:30			
:45			

MONTH / YEAR

MONDAY		TUESDAY		WEDNESDAY		THURSDAY	
:00		:00		:00		:00	
7 :15		7 :15		7 :15		7 :15	
AM :30		AM :30		AM :30		AM :30	
:45		:45		:45		:45	
:00		:00		:00		:00	
8 :15		8 :15		8 :15		8 :15	
AM :30		AM :30		AM :30		AM :30	
:45		:45		:45		:45	
:00		:00		:00		:00	
9 :15		9 :15		9 :15		9 :15	
AM :30		AM :30		AM :30		AM :30	
:45		:45		:45		:45	
:00		:00		:00		:00	
10 :15		10 :15		10 :15		10 :15	
AM :30		AM :30		AM :30		AM :30	
:45		:45		:45		:45	
:00		:00		:00		:00	
11 :15		11 :15		11 :15		11 :15	
AM :30		AM :30		AM :30		AM :30	
:45		:45		:45		:45	
:00		:00		:00		:00	
12 :15		12 :15		12 :15		12 :15	
PM :30		PM :30		PM :30		PM :30	
:45		:45		:45		:45	
:00		:00		:00		:00	
1 :15		1 :15		1 :15		1 :15	
PM :30		PM :30		PM :30		PM :30	
:45		:45		:45		:45	
:00		:00		:00		:00	
2 :15		2 :15		2 :15		2 :15	
PM :30		PM :30		PM :30		PM :30	
:45		:45		:45		:45	
:00		:00		:00		:00	
3 :15		3 :15		3 :15		3 :15	
PM :30		PM :30		PM :30		PM :30	
:45		:45		:45		:45	
:00		:00		:00		:00	
4 :15		4 :15		4 :15		4 :15	
PM :30		PM :30		PM :30		PM :30	
:45		:45		:45		:45	
:00		:00		:00		:00	
5 :15		5 :15		5 :15		5 :15	
PM :30		PM :30		PM :30		PM :30	
:45		:45		:45		:45	
:00		:00		:00		:00	
6 :15		6 :15		6 :15		6 :15	
PM :30		PM :30		PM :30		PM :30	
:45		:45		:45		:45	
:00		:00		:00		:00	
7 :15		7 :15		7 :15		7 :15	
PM :30		PM :30		PM :30		PM :30	
:45		:45		:45		:45	
:00		:00		:00		:00	
8 :15		8 :15		8 :15		8 :15	
PM :30		PM :30		PM :30		PM :30	
:45		:45		:45		:45	
:00		:00		:00		:00	
9 :15		9 :15		9 :15		9 :15	
PM :30		PM :30		PM :30		PM :30	
:45		:45		:45		:45	

FRIDAY		SATURDAY		SUNDAY	
:00		:00		:00	
7 :15		7 :15		7 :15	
AM :30		AM :30		AM :30	
:45		:45		:45	
:00		:00		:00	
8 :15		8 :15		8 :15	
AM :30		AM :30		AM :30	
:45		:45		:45	
:00		:00		:00	
9 :15		9 :15		9 :15	
AM :30		AM :30		AM :30	
:45		:45		:45	
:00		:00		:00	
10 :15		10 :15		10 :15	
AM :30		AM :30		AM :30	
:45		:45		:45	
:00		:00		:00	
11 :15		11 :15		11 :15	
AM :30		AM :30		AM :30	
:45		:45		:45	
:00		:00		:00	
12 :15		12 :15		12 :15	
PM :30		PM :30		PM :30	
:45		:45		:45	
:00		:00		:00	
1 :15		1 :15		1 :15	
PM :30		PM :30		PM :30	
:45		:45		:45	
:00		:00		:00	
2 :15		2 :15		2 :15	
PM :30		PM :30		PM :30	
:45		:45		:45	
:00		:00		:00	
3 :15		3 :15		3 :15	
PM :30		PM :30		PM :30	
:45		:45		:45	
:00		:00		:00	
4 :15		4 :15		4 :15	
PM :30		PM :30		PM :30	
:45		:45		:45	
:00		:00		:00	
5 :15		5 :15		5 :15	
PM :30		PM :30		PM :30	
:45		:45		:45	
:00		:00		:00	
6 :15		6 :15		6 :15	
PM :30		PM :30		PM :30	
:45		:45		:45	
:00		:00		:00	
7 :15		7 :15		7 :15	
PM :30		PM :30		PM :30	
:45		:45		:45	
:00		:00		:00	
8 :15		8 :15		8 :15	
PM :30		PM :30		PM :30	
:45		:45		:45	
:00		:00		:00	
9 :15		9 :15		9 :15	
PM :30		PM :30		PM :30	
:45		:45		:45	

MONTH / YEAR

MONDAY		TUESDAY		WEDNESDAY		THURSDAY	
:00		:00		:00		:00	
7 :15		7 :15		7 :15		7 :15	
AM :30		AM :30		AM :30		AM :30	
:45		:45		:45		:45	
:00		:00		:00		:00	
8 :15		8 :15		8 :15		8 :15	
AM :30		AM :30		AM :30		AM :30	
:45		:45		:45		:45	
:00		:00		:00		:00	
9 :15		9 :15		9 :15		9 :15	
AM :30		AM :30		AM :30		AM :30	
:45		:45		:45		:45	
:00		:00		:00		:00	
10 :15		10 :15		10 :15		10 :15	
AM :30		AM :30		AM :30		AM :30	
:45		:45		:45		:45	
:00		:00		:00		:00	
11 :15		11 :15		11 :15		11 :15	
AM :30		AM :30		AM :30		AM :30	
:45		:45		:45		:45	
:00		:00		:00		:00	
12 :15		12 :15		12 :15		12 :15	
PM :30		PM :30		PM :30		PM :30	
:45		:45		:45		:45	
:00		:00		:00		:00	
1 :15		1 :15		1 :15		1 :15	
PM :30		PM :30		PM :30		PM :30	
:45		:45		:45		:45	
:00		:00		:00		:00	
2 :15		2 :15		2 :15		2 :15	
PM :30		PM :30		PM :30		PM :30	
:45		:45		:45		:45	
:00		:00		:00		:00	
3 :15		3 :15		3 :15		3 :15	
PM :30		PM :30		PM :30		PM :30	
:45		:45		:45		:45	
:00		:00		:00		:00	
4 :15		4 :15		4 :15		4 :15	
PM :30		PM :30		PM :30		PM :30	
:45		:45		:45		:45	
:00		:00		:00		:00	
5 :15		5 :15		5 :15		5 :15	
PM :30		PM :30		PM :30		PM :30	
:45		:45		:45		:45	
:00		:00		:00		:00	
6 :15		6 :15		6 :15		6 :15	
PM :30		PM :30		PM :30		PM :30	
:45		:45		:45		:45	
:00		:00		:00		:00	
7 :15		7 :15		7 :15		7 :15	
PM :30		PM :30		PM :30		PM :30	
:45		:45		:45		:45	
:00		:00		:00		:00	
8 :15		8 :15		8 :15		8 :15	
PM :30		PM :30		PM :30		PM :30	
:45		:45		:45		:45	
:00		:00		:00		:00	
9 :15		9 :15		9 :15		9 :15	
PM :30		PM :30		PM :30		PM :30	
:45		:45		:45		:45	

Time	FRIDAY	SATURDAY	SUNDAY
7 AM :00			
:15			
:30			
:45			
8 AM :00			
:15			
:30			
:45			
9 AM :00			
:15			
:30			
:45			
10 AM :00			
:15			
:30			
:45			
11 AM :00			
:15			
:30			
:45			
12 PM :00			
:15			
:30			
:45			
1 PM :00			
:15			
:30			
:45			
2 PM :00			
:15			
:30			
:45			
3 PM :00			
:15			
:30			
:45			
4 PM :00			
:15			
:30			
:45			
5 PM :00			
:15			
:30			
:45			
6 PM :00			
:15			
:30			
:45			
7 PM :00			
:15			
:30			
:45			
8 PM :00			
:15			
:30			
:45			
9 PM :00			
:15			
:30			
:45			

MONTH / YEAR

MONDAY		TUESDAY		WEDNESDAY		THURSDAY	
7 AM :00 :15 :30 :45		7 AM :00 :15 :30 :45		7 AM :00 :15 :30 :45		7 AM :00 :15 :30 :45	
8 AM :00 :15 :30 :45		8 AM :00 :15 :30 :45		8 AM :00 :15 :30 :45		8 AM :00 :15 :30 :45	
9 AM :00 :15 :30 :45		9 AM :00 :15 :30 :45		9 AM :00 :15 :30 :45		9 AM :00 :15 :30 :45	
10 AM :00 :15 :30 :45		10 AM :00 :15 :30 :45		10 AM :00 :15 :30 :45		10 AM :00 :15 :30 :45	
11 AM :00 :15 :30 :45		11 AM :00 :15 :30 :45		11 AM :00 :15 :30 :45		11 AM :00 :15 :30 :45	
12 PM :00 :15 :30 :45		12 PM :00 :15 :30 :45		12 PM :00 :15 :30 :45		12 PM :00 :15 :30 :45	
1 PM :00 :15 :30 :45		1 PM :00 :15 :30 :45		1 PM :00 :15 :30 :45		1 PM :00 :15 :30 :45	
2 PM :00 :15 :30 :45		2 PM :00 :15 :30 :45		2 PM :00 :15 :30 :45		2 PM :00 :15 :30 :45	
3 PM :00 :15 :30 :45		3 PM :00 :15 :30 :45		3 PM :00 :15 :30 :45		3 PM :00 :15 :30 :45	
4 PM :00 :15 :30 :45		4 PM :00 :15 :30 :45		4 PM :00 :15 :30 :45		4 PM :00 :15 :30 :45	
5 PM :00 :15 :30 :45		5 PM :00 :15 :30 :45		5 PM :00 :15 :30 :45		5 PM :00 :15 :30 :45	
6 PM :00 :15 :30 :45		6 PM :00 :15 :30 :45		6 PM :00 :15 :30 :45		6 PM :00 :15 :30 :45	
7 PM :00 :15 :30 :45		7 PM :00 :15 :30 :45		7 PM :00 :15 :30 :45		7 PM :00 :15 :30 :45	
8 PM :00 :15 :30 :45		8 PM :00 :15 :30 :45		8 PM :00 :15 :30 :45		8 PM :00 :15 :30 :45	
9 PM :00 :15 :30 :45		9 PM :00 :15 :30 :45		9 PM :00 :15 :30 :45		9 PM :00 :15 :30 :45	

FRIDAY		SATURDAY		SUNDAY	
:00		:00		:00	
7 :15		7 :15		7 :15	
AM :30		AM :30		AM :30	
:45		:45		:45	
:00		:00		:00	
8 :15		8 :15		8 :15	
AM :30		AM :30		AM :30	
:45		:45		:45	
:00		:00		:00	
9 :15		9 :15		9 :15	
AM :30		AM :30		AM :30	
:45		:45		:45	
:00		:00		:00	
10 :15		10 :15		10 :15	
AM :30		AM :30		AM :30	
:45		:45		:45	
:00		:00		:00	
11 :15		11 :15		11 :15	
AM :30		AM :30		AM :30	
:45		:45		:45	
:00		:00		:00	
12 :15		12 :15		12 :15	
PM :30		PM :30		PM :30	
:45		:45		:45	
:00		:00		:00	
1 :15		1 :15		1 :15	
PM :30		PM :30		PM :30	
:45		:45		:45	
:00		:00		:00	
2 :15		2 :15		2 :15	
PM :30		PM :30		PM :30	
:45		:45		:45	
:00		:00		:00	
3 :15		3 :15		3 :15	
PM :30		PM :30		PM :30	
:45		:45		:45	
:00		:00		:00	
4 :15		4 :15		4 :15	
PM :30		PM :30		PM :30	
:45		:45		:45	
:00		:00		:00	
5 :15		5 :15		5 :15	
PM :30		PM :30		PM :30	
:45		:45		:45	
:00		:00		:00	
6 :15		6 :15		6 :15	
PM :30		PM :30		PM :30	
:45		:45		:45	
:00		:00		:00	
7 :15		7 :15		7 :15	
PM :30		PM :30		PM :30	
:45		:45		:45	
:00		:00		:00	
8 :15		8 :15		8 :15	
PM :30		PM :30		PM :30	
:45		:45		:45	
:00		:00		:00	
9 :15		9 :15		9 :15	
PM :30		PM :30		PM :30	
:45		:45		:45	

MONTH / YEAR

MONDAY		TUESDAY		WEDNESDAY		THURSDAY	
:00		:00		:00		:00	
7 :15		7 :15		7 :15		7 :15	
AM :30		AM :30		AM :30		AM :30	
:45		:45		:45		:45	
:00		:00		:00		:00	
8 :15		8 :15		8 :15		8 :15	
AM :30		AM :30		AM :30		AM :30	
:45		:45		:45		:45	
:00		:00		:00		:00	
9 :15		9 :15		9 :15		9 :15	
AM :30		AM :30		AM :30		AM :30	
:45		:45		:45		:45	
:00		:00		:00		:00	
10 :15		10 :15		10 :15		10 :15	
AM :30		AM :30		AM :30		AM :30	
:45		:45		:45		:45	
:00		:00		:00		:00	
11 :15		11 :15		11 :15		11 :15	
AM :30		AM :30		AM :30		AM :30	
:45		:45		:45		:45	
:00		:00		:00		:00	
12 :15		12 :15		12 :15		12 :15	
PM :30		PM :30		PM :30		PM :30	
:45		:45		:45		:45	
:00		:00		:00		:00	
1 :15		1 :15		1 :15		1 :15	
PM :30		PM :30		PM :30		PM :30	
:45		:45		:45		:45	
:00		:00		:00		:00	
2 :15		2 :15		2 :15		2 :15	
PM :30		PM :30		PM :30		PM :30	
:45		:45		:45		:45	
:00		:00		:00		:00	
3 :15		3 :15		3 :15		3 :15	
PM :30		PM :30		PM :30		PM :30	
:45		:45		:45		:45	
:00		:00		:00		:00	
4 :15		4 :15		4 :15		4 :15	
PM :30		PM :30		PM :30		PM :30	
:45		:45		:45		:45	
:00		:00		:00		:00	
5 :15		5 :15		5 :15		5 :15	
PM :30		PM :30		PM :30		PM :30	
:45		:45		:45		:45	
:00		:00		:00		:00	
6 :15		6 :15		6 :15		6 :15	
PM :30		PM :30		PM :30		PM :30	
:45		:45		:45		:45	
:00		:00		:00		:00	
7 :15		7 :15		7 :15		7 :15	
PM :30		PM :30		PM :30		PM :30	
:45		:45		:45		:45	
:00		:00		:00		:00	
8 :15		8 :15		8 :15		8 :15	
PM :30		PM :30		PM :30		PM :30	
:45		:45		:45		:45	
:00		:00		:00		:00	
9 :15		9 :15		9 :15		9 :15	
PM :30		PM :30		PM :30		PM :30	
:45		:45		:45		:45	

FRIDAY	SATURDAY	SUNDAY
:00	:00	:00
7 :15	7 :15	7 :15
AM :30	AM :30	AM :30
:45	:45	:45
:00	:00	:00
8 :15	8 :15	8 :15
AM :30	AM :30	AM :30
:45	:45	:45
:00	:00	:00
9 :15	9 :15	9 :15
AM :30	AM :30	AM :30
:45	:45	:45
:00	:00	:00
10 :15	10 :15	10 :15
AM :30	AM :30	AM :30
:45	:45	:45
:00	:00	:00
11 :15	11 :15	11 :15
AM :30	AM :30	AM :30
:45	:45	:45
:00	:00	:00
12 :15	12 :15	12 :15
PM :30	PM :30	PM :30
:45	:45	:45
:00	:00	:00
1 :15	1 :15	1 :15
PM :30	PM :30	PM :30
:45	:45	:45
:00	:00	:00
2 :15	2 :15	2 :15
PM :30	PM :30	PM :30
:45	:45	:45
:00	:00	:00
3 :15	3 :15	3 :15
PM :30	PM :30	PM :30
:45	:45	:45
:00	:00	:00
4 :15	4 :15	4 :15
PM :30	PM :30	PM :30
:45	:45	:45
:00	:00	:00
5 :15	5 :15	5 :15
PM :30	PM :30	PM :30
:45	:45	:45
:00	:00	:00
6 :15	6 :15	6 :15
PM :30	PM :30	PM :30
:45	:45	:45
:00	:00	:00
7 :15	7 :15	7 :15
PM :30	PM :30	PM :30
:45	:45	:45
:00	:00	:00
8 :15	8 :15	8 :15
PM :30	PM :30	PM :30
:45	:45	:45
:00	:00	:00
9 :15	9 :15	9 :15
PM :30	PM :30	PM :30
:45	:45	:45

MONTH / YEAR

MONDAY	TUESDAY	WEDNESDAY	THURSDAY
7 AM :00 :15 :30 :45	7 AM :00 :15 :30 :45	7 AM :00 :15 :30 :45	7 AM :00 :15 :30 :45
8 AM :00 :15 :30 :45	8 AM :00 :15 :30 :45	8 AM :00 :15 :30 :45	8 AM :00 :15 :30 :45
9 AM :00 :15 :30 :45	9 AM :00 :15 :30 :45	9 AM :00 :15 :30 :45	9 AM :00 :15 :30 :45
10 AM :00 :15 :30 :45	10 AM :00 :15 :30 :45	10 AM :00 :15 :30 :45	10 AM :00 :15 :30 :45
11 AM :00 :15 :30 :45	11 AM :00 :15 :30 :45	11 AM :00 :15 :30 :45	11 AM :00 :15 :30 :45
12 PM :00 :15 :30 :45	12 PM :00 :15 :30 :45	12 PM :00 :15 :30 :45	12 PM :00 :15 :30 :45
1 PM :00 :15 :30 :45	1 PM :00 :15 :30 :45	1 PM :00 :15 :30 :45	1 PM :00 :15 :30 :45
2 PM :00 :15 :30 :45	2 PM :00 :15 :30 :45	2 PM :00 :15 :30 :45	2 PM :00 :15 :30 :45
3 PM :00 :15 :30 :45	3 PM :00 :15 :30 :45	3 PM :00 :15 :30 :45	3 PM :00 :15 :30 :45
4 PM :00 :15 :30 :45	4 PM :00 :15 :30 :45	4 PM :00 :15 :30 :45	4 PM :00 :15 :30 :45
5 PM :00 :15 :30 :45	5 PM :00 :15 :30 :45	5 PM :00 :15 :30 :45	5 PM :00 :15 :30 :45
6 PM :00 :15 :30 :45	6 PM :00 :15 :30 :45	6 PM :00 :15 :30 :45	6 PM :00 :15 :30 :45
7 PM :00 :15 :30 :45	7 PM :00 :15 :30 :45	7 PM :00 :15 :30 :45	7 PM :00 :15 :30 :45
8 PM :00 :15 :30 :45	8 PM :00 :15 :30 :45	8 PM :00 :15 :30 :45	8 PM :00 :15 :30 :45
9 PM :00 :15 :30 :45	9 PM :00 :15 :30 :45	9 PM :00 :15 :30 :45	9 PM :00 :15 :30 :45

		FRIDAY	SATURDAY	SUNDAY
7 AM	:00			
	:15			
	:30			
	:45			
8 AM	:00			
	:15			
	:30			
	:45			
9 AM	:00			
	:15			
	:30			
	:45			
10 AM	:00			
	:15			
	:30			
	:45			
11 AM	:00			
	:15			
	:30			
	:45			
12 PM	:00			
	:15			
	:30			
	:45			
1 PM	:00			
	:15			
	:30			
	:45			
2 PM	:00			
	:15			
	:30			
	:45			
3 PM	:00			
	:15			
	:30			
	:45			
4 PM	:00			
	:15			
	:30			
	:45			
5 PM	:00			
	:15			
	:30			
	:45			
6 PM	:00			
	:15			
	:30			
	:45			
7 PM	:00			
	:15			
	:30			
	:45			
8 PM	:00			
	:15			
	:30			
	:45			
9 PM	:00			
	:15			
	:30			
	:45			

MONTH / YEAR

	MONDAY		TUESDAY		WEDNESDAY		THURSDAY
:00		:00		:00		:00	
7 :15		7 :15		7 :15		7 :15	
AM :30		AM :30		AM :30		AM :30	
:45		:45		:45		:45	
:00		:00		:00		:00	
8 :15		8 :15		8 :15		8 :15	
AM :30		AM :30		AM :30		AM :30	
:45		:45		:45		:45	
:00		:00		:00		:00	
9 :15		9 :15		9 :15		9 :15	
AM :30		AM :30		AM :30		AM :30	
:45		:45		:45		:45	
:00		:00		:00		:00	
10 :15		10 :15		10 :15		10 :15	
AM :30		AM :30		AM :30		AM :30	
:45		:45		:45		:45	
:00		:00		:00		:00	
11 :15		11 :15		11 :15		11 :15	
AM :30		AM :30		AM :30		AM :30	
:45		:45		:45		:45	
:00		:00		:00		:00	
12 :15		12 :15		12 :15		12 :15	
PM :30		PM :30		PM :30		PM :30	
:45		:45		:45		:45	
:00		:00		:00		:00	
1 :15		1 :15		1 :15		1 :15	
PM :30		PM :30		PM :30		PM :30	
:45		:45		:45		:45	
:00		:00		:00		:00	
2 :15		2 :15		2 :15		2 :15	
PM :30		PM :30		PM :30		PM :30	
:45		:45		:45		:45	
:00		:00		:00		:00	
3 :15		3 :15		3 :15		3 :15	
PM :30		PM :30		PM :30		PM :30	
:45		:45		:45		:45	
:00		:00		:00		:00	
4 :15		4 :15		4 :15		4 :15	
PM :30		PM :30		PM :30		PM :30	
:45		:45		:45		:45	
:00		:00		:00		:00	
5 :15		5 :15		5 :15		5 :15	
PM :30		PM :30		PM :30		PM :30	
:45		:45		:45		:45	
:00		:00		:00		:00	
6 :15		6 :15		6 :15		6 :15	
PM :30		PM :30		PM :30		PM :30	
:45		:45		:45		:45	
:00		:00		:00		:00	
7 :15		7 :15		7 :15		7 :15	
PM :30		PM :30		PM :30		PM :30	
:45		:45		:45		:45	
:00		:00		:00		:00	
8 :15		8 :15		8 :15		8 :15	
PM :30		PM :30		PM :30		PM :30	
:45		:45		:45		:45	
:00		:00		:00		:00	
9 :15		9 :15		9 :15		9 :15	
PM :30		PM :30		PM :30		PM :30	
:45		:45		:45		:45	

FRIDAY		SATURDAY		SUNDAY	
:00		:00		:00	
7 :15		7 :15		7 :15	
AM :30		AM :30		AM :30	
:45		:45		:45	
:00		:00		:00	
8 :15		8 :15		8 :15	
AM :30		AM :30		AM :30	
:45		:45		:45	
:00		:00		:00	
9 :15		9 :15		9 :15	
AM :30		AM :30		AM :30	
:45		:45		:45	
:00		:00		:00	
10 :15		10 :15		10 :15	
AM :30		AM :30		AM :30	
:45		:45		:45	
:00		:00		:00	
11 :15		11 :15		11 :15	
AM :30		AM :30		AM :30	
:45		:45		:45	
:00		:00		:00	
12 :15		12 :15		12 :15	
PM :30		PM :30		PM :30	
:45		:45		:45	
:00		:00		:00	
1 :15		1 :15		1 :15	
PM :30		PM :30		PM :30	
:45		:45		:45	
:00		:00		:00	
2 :15		2 :15		2 :15	
PM :30		PM :30		PM :30	
:45		:45		:45	
:00		:00		:00	
3 :15		3 :15		3 :15	
PM :30		PM :30		PM :30	
:45		:45		:45	
:00		:00		:00	
4 :15		4 :15		4 :15	
PM :30		PM :30		PM :30	
:45		:45		:45	
:00		:00		:00	
5 :15		5 :15		5 :15	
PM :30		PM :30		PM :30	
:45		:45		:45	
:00		:00		:00	
6 :15		6 :15		6 :15	
PM :30		PM :30		PM :30	
:45		:45		:45	
:00		:00		:00	
7 :15		7 :15		7 :15	
PM :30		PM :30		PM :30	
:45		:45		:45	
:00		:00		:00	
8 :15		8 :15		8 :15	
PM :30		PM :30		PM :30	
:45		:45		:45	
:00		:00		:00	
9 :15		9 :15		9 :15	
PM :30		PM :30		PM :30	
:45		:45		:45	

MONTH / YEAR

	MONDAY	TUESDAY	WEDNESDAY	THURSDAY
7 AM :00				
:15				
:30				
:45				
8 AM :00				
:15				
:30				
:45				
9 AM :00				
:15				
:30				
:45				
10 AM :00				
:15				
:30				
:45				
11 AM :00				
:15				
:30				
:45				
12 PM :00				
:15				
:30				
:45				
1 PM :00				
:15				
:30				
:45				
2 PM :00				
:15				
:30				
:45				
3 PM :00				
:15				
:30				
:45				
4 PM :00				
:15				
:30				
:45				
5 PM :00				
:15				
:30				
:45				
6 PM :00				
:15				
:30				
:45				
7 PM :00				
:15				
:30				
:45				
8 PM :00				
:15				
:30				
:45				
9 PM :00				
:15				
:30				
:45				

FRIDAY		SATURDAY		SUNDAY	
:00		:00		:00	
7 :15		7 :15		7 :15	
AM :30		AM :30		AM :30	
:45		:45		:45	
:00		:00		:00	
8 :15		8 :15		8 :15	
AM :30		AM :30		AM :30	
:45		:45		:45	
:00		:00		:00	
9 :15		9 :15		9 :15	
AM :30		AM :30		AM :30	
:45		:45		:45	
:00		:00		:00	
10 :15		10 :15		10 :15	
AM :30		AM :30		AM :30	
:45		:45		:45	
:00		:00		:00	
11 :15		11 :15		11 :15	
AM :30		AM :30		AM :30	
:45		:45		:45	
:00		:00		:00	
12 :15		12 :15		12 :15	
PM :30		PM :30		PM :30	
:45		:45		:45	
:00		:00		:00	
1 :15		1 :15		1 :15	
PM :30		PM :30		PM :30	
:45		:45		:45	
:00		:00		:00	
2 :15		2 :15		2 :15	
PM :30		PM :30		PM :30	
:45		:45		:45	
:00		:00		:00	
3 :15		3 :15		3 :15	
PM :30		PM :30		PM :30	
:45		:45		:45	
:00		:00		:00	
4 :15		4 :15		4 :15	
PM :30		PM :30		PM :30	
:45		:45		:45	
:00		:00		:00	
5 :15		5 :15		5 :15	
PM :30		PM :30		PM :30	
:45		:45		:45	
:00		:00		:00	
6 :15		6 :15		6 :15	
PM :30		PM :30		PM :30	
:45		:45		:45	
:00		:00		:00	
7 :15		7 :15		7 :15	
PM :30		PM :30		PM :30	
:45		:45		:45	
:00		:00		:00	
8 :15		8 :15		8 :15	
PM :30		PM :30		PM :30	
:45		:45		:45	
:00		:00		:00	
9 :15		9 :15		9 :15	
PM :30		PM :30		PM :30	
:45		:45		:45	

MONTH / YEAR

MONDAY		TUESDAY		WEDNESDAY		THURSDAY	
7 AM :00 :15 :30 :45		7 AM :00 :15 :30 :45		7 AM :00 :15 :30 :45		7 AM :00 :15 :30 :45	
8 AM :00 :15 :30 :45		8 AM :00 :15 :30 :45		8 AM :00 :15 :30 :45		8 AM :00 :15 :30 :45	
9 AM :00 :15 :30 :45		9 AM :00 :15 :30 :45		9 AM :00 :15 :30 :45		9 AM :00 :15 :30 :45	
10 AM :00 :15 :30 :45		10 AM :00 :15 :30 :45		10 AM :00 :15 :30 :45		10 AM :00 :15 :30 :45	
11 AM :00 :15 :30 :45		11 AM :00 :15 :30 :45		11 AM :00 :15 :30 :45		11 AM :00 :15 :30 :45	
12 PM :00 :15 :30 :45		12 PM :00 :15 :30 :45		12 PM :00 :15 :30 :45		12 PM :00 :15 :30 :45	
1 PM :00 :15 :30 :45		1 PM :00 :15 :30 :45		1 PM :00 :15 :30 :45		1 PM :00 :15 :30 :45	
2 PM :00 :15 :30 :45		2 PM :00 :15 :30 :45		2 PM :00 :15 :30 :45		2 PM :00 :15 :30 :45	
3 PM :00 :15 :30 :45		3 PM :00 :15 :30 :45		3 PM :00 :15 :30 :45		3 PM :00 :15 :30 :45	
4 PM :00 :15 :30 :45		4 PM :00 :15 :30 :45		4 PM :00 :15 :30 :45		4 PM :00 :15 :30 :45	
5 PM :00 :15 :30 :45		5 PM :00 :15 :30 :45		5 PM :00 :15 :30 :45		5 PM :00 :15 :30 :45	
6 PM :00 :15 :30 :45		6 PM :00 :15 :30 :45		6 PM :00 :15 :30 :45		6 PM :00 :15 :30 :45	
7 PM :00 :15 :30 :45		7 PM :00 :15 :30 :45		7 PM :00 :15 :30 :45		7 PM :00 :15 :30 :45	
8 PM :00 :15 :30 :45		8 PM :00 :15 :30 :45		8 PM :00 :15 :30 :45		8 PM :00 :15 :30 :45	
9 PM :00 :15 :30 :45		9 PM :00 :15 :30 :45		9 PM :00 :15 :30 :45		9 PM :00 :15 :30 :45	

FRIDAY	SATURDAY	SUNDAY	MONTH / YEAR
7 AM :00 :15 :30 :45	7 AM :00 :15 :30 :45	7 AM :00 :15 :30 :45	
8 AM :00 :15 :30 :45	8 AM :00 :15 :30 :45	8 AM :00 :15 :30 :45	
9 AM :00 :15 :30 :45	9 AM :00 :15 :30 :45	9 AM :00 :15 :30 :45	
10 AM :00 :15 :30 :45	10 AM :00 :15 :30 :45	10 AM :00 :15 :30 :45	
11 AM :00 :15 :30 :45	11 AM :00 :15 :30 :45	11 AM :00 :15 :30 :45	
12 PM :00 :15 :30 :45	12 PM :00 :15 :30 :45	12 PM :00 :15 :30 :45	
1 PM :00 :15 :30 :45	1 PM :00 :15 :30 :45	1 PM :00 :15 :30 :45	
2 PM :00 :15 :30 :45	2 PM :00 :15 :30 :45	2 PM :00 :15 :30 :45	
3 PM :00 :15 :30 :45	3 PM :00 :15 :30 :45	3 PM :00 :15 :30 :45	
4 PM :00 :15 :30 :45	4 PM :00 :15 :30 :45	4 PM :00 :15 :30 :45	
5 PM :00 :15 :30 :45	5 PM :00 :15 :30 :45	5 PM :00 :15 :30 :45	
6 PM :00 :15 :30 :45	6 PM :00 :15 :30 :45	6 PM :00 :15 :30 :45	
7 PM :00 :15 :30 :45	7 PM :00 :15 :30 :45	7 PM :00 :15 :30 :45	
8 PM :00 :15 :30 :45	8 PM :00 :15 :30 :45	8 PM :00 :15 :30 :45	
9 PM :00 :15 :30 :45	9 PM :00 :15 :30 :45	9 PM :00 :15 :30 :45	

MONDAY	TUESDAY	WEDNESDAY	THURSDAY
7 AM :00 :15 :30 :45	7 AM :00 :15 :30 :45	7 AM :00 :15 :30 :45	7 AM :00 :15 :30 :45
8 AM :00 :15 :30 :45	8 AM :00 :15 :30 :45	8 AM :00 :15 :30 :45	8 AM :00 :15 :30 :45
9 AM :00 :15 :30 :45	9 AM :00 :15 :30 :45	9 AM :00 :15 :30 :45	9 AM :00 :15 :30 :45
10 AM :00 :15 :30 :45	10 AM :00 :15 :30 :45	10 AM :00 :15 :30 :45	10 AM :00 :15 :30 :45
11 AM :00 :15 :30 :45	11 AM :00 :15 :30 :45	11 AM :00 :15 :30 :45	11 AM :00 :15 :30 :45
12 PM :00 :15 :30 :45	12 PM :00 :15 :30 :45	12 PM :00 :15 :30 :45	12 PM :00 :15 :30 :45
1 PM :00 :15 :30 :45	1 PM :00 :15 :30 :45	1 PM :00 :15 :30 :45	1 PM :00 :15 :30 :45
2 PM :00 :15 :30 :45	2 PM :00 :15 :30 :45	2 PM :00 :15 :30 :45	2 PM :00 :15 :30 :45
3 PM :00 :15 :30 :45	3 PM :00 :15 :30 :45	3 PM :00 :15 :30 :45	3 PM :00 :15 :30 :45
4 PM :00 :15 :30 :45	4 PM :00 :15 :30 :45	4 PM :00 :15 :30 :45	4 PM :00 :15 :30 :45
5 PM :00 :15 :30 :45	5 PM :00 :15 :30 :45	5 PM :00 :15 :30 :45	5 PM :00 :15 :30 :45
6 PM :00 :15 :30 :45	6 PM :00 :15 :30 :45	6 PM :00 :15 :30 :45	6 PM :00 :15 :30 :45
7 PM :00 :15 :30 :45	7 PM :00 :15 :30 :45	7 PM :00 :15 :30 :45	7 PM :00 :15 :30 :45
8 PM :00 :15 :30 :45	8 PM :00 :15 :30 :45	8 PM :00 :15 :30 :45	8 PM :00 :15 :30 :45
9 PM :00 :15 :30 :45	9 PM :00 :15 :30 :45	9 PM :00 :15 :30 :45	9 PM :00 :15 :30 :45

FRIDAY	SATURDAY	SUNDAY
7 AM :00 :15 :30 :45	7 AM :00 :15 :30 :45	7 AM :00 :15 :30 :45
8 AM :00 :15 :30 :45	8 AM :00 :15 :30 :45	8 AM :00 :15 :30 :45
9 AM :00 :15 :30 :45	9 AM :00 :15 :30 :45	9 AM :00 :15 :30 :45
10 AM :00 :15 :30 :45	10 AM :00 :15 :30 :45	10 AM :00 :15 :30 :45
11 AM :00 :15 :30 :45	11 AM :00 :15 :30 :45	11 AM :00 :15 :30 :45
12 PM :00 :15 :30 :45	12 PM :00 :15 :30 :45	12 PM :00 :15 :30 :45
1 PM :00 :15 :30 :45	1 PM :00 :15 :30 :45	1 PM :00 :15 :30 :45
2 PM :00 :15 :30 :45	2 PM :00 :15 :30 :45	2 PM :00 :15 :30 :45
3 PM :00 :15 :30 :45	3 PM :00 :15 :30 :45	3 PM :00 :15 :30 :45
4 PM :00 :15 :30 :45	4 PM :00 :15 :30 :45	4 PM :00 :15 :30 :45
5 PM :00 :15 :30 :45	5 PM :00 :15 :30 :45	5 PM :00 :15 :30 :45
6 PM :00 :15 :30 :45	6 PM :00 :15 :30 :45	6 PM :00 :15 :30 :45
7 PM :00 :15 :30 :45	7 PM :00 :15 :30 :45	7 PM :00 :15 :30 :45
8 PM :00 :15 :30 :45	8 PM :00 :15 :30 :45	8 PM :00 :15 :30 :45
9 PM :00 :15 :30 :45	9 PM :00 :15 :30 :45	9 PM :00 :15 :30 :45

MONTH / YEAR

MONDAY		TUESDAY		WEDNESDAY		THURSDAY	
7 AM :00		7 AM :00		7 AM :00		7 AM :00	
:15		:15		:15		:15	
:30		:30		:30		:30	
:45		:45		:45		:45	
8 AM :00		8 AM :00		8 AM :00		8 AM :00	
:15		:15		:15		:15	
:30		:30		:30		:30	
:45		:45		:45		:45	
9 AM :00		9 AM :00		9 AM :00		9 AM :00	
:15		:15		:15		:15	
:30		:30		:30		:30	
:45		:45		:45		:45	
10 AM :00		10 AM :00		10 AM :00		10 AM :00	
:15		:15		:15		:15	
:30		:30		:30		:30	
:45		:45		:45		:45	
11 AM :00		11 AM :00		11 AM :00		11 AM :00	
:15		:15		:15		:15	
:30		:30		:30		:30	
:45		:45		:45		:45	
12 PM :00		12 PM :00		12 PM :00		12 PM :00	
:15		:15		:15		:15	
:30		:30		:30		:30	
:45		:45		:45		:45	
1 PM :00		1 PM :00		1 PM :00		1 PM :00	
:15		:15		:15		:15	
:30		:30		:30		:30	
:45		:45		:45		:45	
2 PM :00		2 PM :00		2 PM :00		2 PM :00	
:15		:15		:15		:15	
:30		:30		:30		:30	
:45		:45		:45		:45	
3 PM :00		3 PM :00		3 PM :00		3 PM :00	
:15		:15		:15		:15	
:30		:30		:30		:30	
:45		:45		:45		:45	
4 PM :00		4 PM :00		4 PM :00		4 PM :00	
:15		:15		:15		:15	
:30		:30		:30		:30	
:45		:45		:45		:45	
5 PM :00		5 PM :00		5 PM :00		5 PM :00	
:15		:15		:15		:15	
:30		:30		:30		:30	
:45		:45		:45		:45	
6 PM :00		6 PM :00		6 PM :00		6 PM :00	
:15		:15		:15		:15	
:30		:30		:30		:30	
:45		:45		:45		:45	
7 PM :00		7 PM :00		7 PM :00		7 PM :00	
:15		:15		:15		:15	
:30		:30		:30		:30	
:45		:45		:45		:45	
8 PM :00		8 PM :00		8 PM :00		8 PM :00	
:15		:15		:15		:15	
:30		:30		:30		:30	
:45		:45		:45		:45	
9 PM :00		9 PM :00		9 PM :00		9 PM :00	
:15		:15		:15		:15	
:30		:30		:30		:30	
:45		:45		:45		:45	

FRIDAY		SATURDAY		SUNDAY	
:00		:00		:00	
7 :15		7 :15		7 :15	
AM :30		AM :30		AM :30	
:45		:45		:45	
:00		:00		:00	
8 :15		8 :15		8 :15	
AM :30		AM :30		AM :30	
:45		:45		:45	
:00		:00		:00	
9 :15		9 :15		9 :15	
AM :30		AM :30		AM :30	
:45		:45		:45	
:00		:00		:00	
10 :15		10 :15		10 :15	
AM :30		AM :30		AM :30	
:45		:45		:45	
:00		:00		:00	
11 :15		11 :15		11 :15	
AM :30		AM :30		AM :30	
:45		:45		:45	
:00		:00		:00	
12 :15		12 :15		12 :15	
PM :30		PM :30		PM :30	
:45		:45		:45	
:00		:00		:00	
1 :15		1 :15		1 :15	
PM :30		PM :30		PM :30	
:45		:45		:45	
:00		:00		:00	
2 :15		2 :15		2 :15	
PM :30		PM :30		PM :30	
:45		:45		:45	
:00		:00		:00	
3 :15		3 :15		3 :15	
PM :30		PM :30		PM :30	
:45		:45		:45	
:00		:00		:00	
4 :15		4 :15		4 :15	
PM :30		PM :30		PM :30	
:45		:45		:45	
:00		:00		:00	
5 :15		5 :15		5 :15	
PM :30		PM :30		PM :30	
:45		:45		:45	
:00		:00		:00	
6 :15		6 :15		6 :15	
PM :30		PM :30		PM :30	
:45		:45		:45	
:00		:00		:00	
7 :15		7 :15		7 :15	
PM :30		PM :30		PM :30	
:45		:45		:45	
:00		:00		:00	
8 :15		8 :15		8 :15	
PM :30		PM :30		PM :30	
:45		:45		:45	
:00		:00		:00	
9 :15		9 :15		9 :15	
PM :30		PM :30		PM :30	
:45		:45		:45	

MONTH / YEAR

MONDAY		TUESDAY		WEDNESDAY		THURSDAY	
:00		:00		:00		:00	
7 :15		7 :15		7 :15		7 :15	
AM :30		AM :30		AM :30		AM :30	
:45		:45		:45		:45	
:00		:00		:00		:00	
8 :15		8 :15		8 :15		8 :15	
AM :30		AM :30		AM :30		AM :30	
:45		:45		:45		:45	
:00		:00		:00		:00	
9 :15		9 :15		9 :15		9 :15	
AM :30		AM :30		AM :30		AM :30	
:45		:45		:45		:45	
:00		:00		:00		:00	
10 :15		10 :15		10 :15		10 :15	
AM :30		AM :30		AM :30		AM :30	
:45		:45		:45		:45	
:00		:00		:00		:00	
11 :15		11 :15		11 :15		11 :15	
AM :30		AM :30		AM :30		AM :30	
:45		:45		:45		:45	
:00		:00		:00		:00	
12 :15		12 :15		12 :15		12 :15	
PM :30		PM :30		PM :30		PM :30	
:45		:45		:45		:45	
:00		:00		:00		:00	
1 :15		1 :15		1 :15		1 :15	
PM :30		PM :30		PM :30		PM :30	
:45		:45		:45		:45	
:00		:00		:00		:00	
2 :15		2 :15		2 :15		2 :15	
PM :30		PM :30		PM :30		PM :30	
:45		:45		:45		:45	
:00		:00		:00		:00	
3 :15		3 :15		3 :15		3 :15	
PM :30		PM :30		PM :30		PM :30	
:45		:45		:45		:45	
:00		:00		:00		:00	
4 :15		4 :15		4 :15		4 :15	
PM :30		PM :30		PM :30		PM :30	
:45		:45		:45		:45	
:00		:00		:00		:00	
5 :15		5 :15		5 :15		5 :15	
PM :30		PM :30		PM :30		PM :30	
:45		:45		:45		:45	
:00		:00		:00		:00	
6 :15		6 :15		6 :15		6 :15	
PM :30		PM :30		PM :30		PM :30	
:45		:45		:45		:45	
:00		:00		:00		:00	
7 :15		7 :15		7 :15		7 :15	
PM :30		PM :30		PM :30		PM :30	
:45		:45		:45		:45	
:00		:00		:00		:00	
8 :15		8 :15		8 :15		8 :15	
PM :30		PM :30		PM :30		PM :30	
:45		:45		:45		:45	
:00		:00		:00		:00	
9 :15		9 :15		9 :15		9 :15	
PM :30		PM :30		PM :30		PM :30	
:45		:45		:45		:45	

FRIDAY		SATURDAY		SUNDAY	
7 AM :00		7 AM :00		7 AM :00	
:15		:15		:15	
:30		:30		:30	
:45		:45		:45	
8 AM :00		8 AM :00		8 AM :00	
:15		:15		:15	
:30		:30		:30	
:45		:45		:45	
9 AM :00		9 AM :00		9 AM :00	
:15		:15		:15	
:30		:30		:30	
:45		:45		:45	
10 AM :00		10 AM :00		10 AM :00	
:15		:15		:15	
:30		:30		:30	
:45		:45		:45	
11 AM :00		11 AM :00		11 AM :00	
:15		:15		:15	
:30		:30		:30	
:45		:45		:45	
12 PM :00		12 PM :00		12 PM :00	
:15		:15		:15	
:30		:30		:30	
:45		:45		:45	
1 PM :00		1 PM :00		1 PM :00	
:15		:15		:15	
:30		:30		:30	
:45		:45		:45	
2 PM :00		2 PM :00		2 PM :00	
:15		:15		:15	
:30		:30		:30	
:45		:45		:45	
3 PM :00		3 PM :00		3 PM :00	
:15		:15		:15	
:30		:30		:30	
:45		:45		:45	
4 PM :00		4 PM :00		4 PM :00	
:15		:15		:15	
:30		:30		:30	
:45		:45		:45	
5 PM :00		5 PM :00		5 PM :00	
:15		:15		:15	
:30		:30		:30	
:45		:45		:45	
6 PM :00		6 PM :00		6 PM :00	
:15		:15		:15	
:30		:30		:30	
:45		:45		:45	
7 PM :00		7 PM :00		7 PM :00	
:15		:15		:15	
:30		:30		:30	
:45		:45		:45	
8 PM :00		8 PM :00		8 PM :00	
:15		:15		:15	
:30		:30		:30	
:45		:45		:45	
9 PM :00		9 PM :00		9 PM :00	
:15		:15		:15	
:30		:30		:30	
:45		:45		:45	

MONTH / YEAR

MONDAY		TUESDAY		WEDNESDAY		THURSDAY	
:00		:00		:00		:00	
7 :15		7 :15		7 :15		7 :15	
AM :30		AM :30		AM :30		AM :30	
:45		:45		:45		:45	
:00		:00		:00		:00	
8 :15		8 :15		8 :15		8 :15	
AM :30		AM :30		AM :30		AM :30	
:45		:45		:45		:45	
:00		:00		:00		:00	
9 :15		9 :15		9 :15		9 :15	
AM :30		AM :30		AM :30		AM :30	
:45		:45		:45		:45	
:00		:00		:00		:00	
10 :15		10 :15		10 :15		10 :15	
AM :30		AM :30		AM :30		AM :30	
:45		:45		:45		:45	
:00		:00		:00		:00	
11 :15		11 :15		11 :15		11 :15	
AM :30		AM :30		AM :30		AM :30	
:45		:45		:45		:45	
:00		:00		:00		:00	
12 :15		12 :15		12 :15		12 :15	
PM :30		PM :30		PM :30		PM :30	
:45		:45		:45		:45	
:00		:00		:00		:00	
1 :15		1 :15		1 :15		1 :15	
PM :30		PM :30		PM :30		PM :30	
:45		:45		:45		:45	
:00		:00		:00		:00	
2 :15		2 :15		2 :15		2 :15	
PM :30		PM :30		PM :30		PM :30	
:45		:45		:45		:45	
:00		:00		:00		:00	
3 :15		3 :15		3 :15		3 :15	
PM :30		PM :30		PM :30		PM :30	
:45		:45		:45		:45	
:00		:00		:00		:00	
4 :15		4 :15		4 :15		4 :15	
PM :30		PM :30		PM :30		PM :30	
:45		:45		:45		:45	
:00		:00		:00		:00	
5 :15		5 :15		5 :15		5 :15	
PM :30		PM :30		PM :30		PM :30	
:45		:45		:45		:45	
:00		:00		:00		:00	
6 :15		6 :15		6 :15		6 :15	
PM :30		PM :30		PM :30		PM :30	
:45		:45		:45		:45	
:00		:00		:00		:00	
7 :15		7 :15		7 :15		7 :15	
PM :30		PM :30		PM :30		PM :30	
:45		:45		:45		:45	
:00		:00		:00		:00	
8 :15		8 :15		8 :15		8 :15	
PM :30		PM :30		PM :30		PM :30	
:45		:45		:45		:45	
:00		:00		:00		:00	
9 :15		9 :15		9 :15		9 :15	
PM :30		PM :30		PM :30		PM :30	
:45		:45		:45		:45	

Time	FRIDAY	SATURDAY	SUNDAY
7 AM :00			
:15			
:30			
:45			
8 AM :00			
:15			
:30			
:45			
9 AM :00			
:15			
:30			
:45			
10 AM :00			
:15			
:30			
:45			
11 AM :00			
:15			
:30			
:45			
12 PM :00			
:15			
:30			
:45			
1 PM :00			
:15			
:30			
:45			
2 PM :00			
:15			
:30			
:45			
3 PM :00			
:15			
:30			
:45			
4 PM :00			
:15			
:30			
:45			
5 PM :00			
:15			
:30			
:45			
6 PM :00			
:15			
:30			
:45			
7 PM :00			
:15			
:30			
:45			
8 PM :00			
:15			
:30			
:45			
9 PM :00			
:15			
:30			
:45			

MONTH / YEAR

MONDAY		TUESDAY		WEDNESDAY		THURSDAY	
:00		:00		:00		:00	
7 :15		7 :15		7 :15		7 :15	
AM :30		AM :30		AM :30		AM :30	
:45		:45		:45		:45	
:00		:00		:00		:00	
8 :15		8 :15		8 :15		8 :15	
AM :30		AM :30		AM :30		AM :30	
:45		:45		:45		:45	
:00		:00		:00		:00	
9 :15		9 :15		9 :15		9 :15	
AM :30		AM :30		AM :30		AM :30	
:45		:45		:45		:45	
:00		:00		:00		:00	
10 :15		10 :15		10 :15		10 :15	
AM :30		AM :30		AM :30		AM :30	
:45		:45		:45		:45	
:00		:00		:00		:00	
11 :15		11 :15		11 :15		11 :15	
AM :30		AM :30		AM :30		AM :30	
:45		:45		:45		:45	
:00		:00		:00		:00	
12 :15		12 :15		12 :15		12 :15	
PM :30		PM :30		PM :30		PM :30	
:45		:45		:45		:45	
:00		:00		:00		:00	
1 :15		1 :15		1 :15		1 :15	
PM :30		PM :30		PM :30		PM :30	
:45		:45		:45		:45	
:00		:00		:00		:00	
2 :15		2 :15		2 :15		2 :15	
PM :30		PM :30		PM :30		PM :30	
:45		:45		:45		:45	
:00		:00		:00		:00	
3 :15		3 :15		3 :15		3 :15	
PM :30		PM :30		PM :30		PM :30	
:45		:45		:45		:45	
:00		:00		:00		:00	
4 :15		4 :15		4 :15		4 :15	
PM :30		PM :30		PM :30		PM :30	
:45		:45		:45		:45	
:00		:00		:00		:00	
5 :15		5 :15		5 :15		5 :15	
PM :30		PM :30		PM :30		PM :30	
:45		:45		:45		:45	
:00		:00		:00		:00	
6 :15		6 :15		6 :15		6 :15	
PM :30		PM :30		PM :30		PM :30	
:45		:45		:45		:45	
:00		:00		:00		:00	
7 :15		7 :15		7 :15		7 :15	
PM :30		PM :30		PM :30		PM :30	
:45		:45		:45		:45	
:00		:00		:00		:00	
8 :15		8 :15		8 :15		8 :15	
PM :30		PM :30		PM :30		PM :30	
:45		:45		:45		:45	
:00		:00		:00		:00	
9 :15		9 :15		9 :15		9 :15	
PM :30		PM :30		PM :30		PM :30	
:45		:45		:45		:45	

FRIDAY	SATURDAY	SUNDAY
7 AM :00 :15 :30 :45	7 AM :00 :15 :30 :45	7 AM :00 :15 :30 :45
8 AM :00 :15 :30 :45	8 AM :00 :15 :30 :45	8 AM :00 :15 :30 :45
9 AM :00 :15 :30 :45	9 AM :00 :15 :30 :45	9 AM :00 :15 :30 :45
10 AM :00 :15 :30 :45	10 AM :00 :15 :30 :45	10 AM :00 :15 :30 :45
11 AM :00 :15 :30 :45	11 AM :00 :15 :30 :45	11 AM :00 :15 :30 :45
12 PM :00 :15 :30 :45	12 PM :00 :15 :30 :45	12 PM :00 :15 :30 :45
1 PM :00 :15 :30 :45	1 PM :00 :15 :30 :45	1 PM :00 :15 :30 :45
2 PM :00 :15 :30 :45	2 PM :00 :15 :30 :45	2 PM :00 :15 :30 :45
3 PM :00 :15 :30 :45	3 PM :00 :15 :30 :45	3 PM :00 :15 :30 :45
4 PM :00 :15 :30 :45	4 PM :00 :15 :30 :45	4 PM :00 :15 :30 :45
5 PM :00 :15 :30 :45	5 PM :00 :15 :30 :45	5 PM :00 :15 :30 :45
6 PM :00 :15 :30 :45	6 PM :00 :15 :30 :45	6 PM :00 :15 :30 :45
7 PM :00 :15 :30 :45	7 PM :00 :15 :30 :45	7 PM :00 :15 :30 :45
8 PM :00 :15 :30 :45	8 PM :00 :15 :30 :45	8 PM :00 :15 :30 :45
9 PM :00 :15 :30 :45	9 PM :00 :15 :30 :45	9 PM :00 :15 :30 :45

MONTH / YEAR

MONDAY		TUESDAY		WEDNESDAY		THURSDAY	
:00		:00		:00		:00	
7 :15		7 :15		7 :15		7 :15	
AM :30		AM :30		AM :30		AM :30	
:45		:45		:45		:45	
:00		:00		:00		:00	
8 :15		8 :15		8 :15		8 :15	
AM :30		AM :30		AM :30		AM :30	
:45		:45		:45		:45	
:00		:00		:00		:00	
9 :15		9 :15		9 :15		9 :15	
AM :30		AM :30		AM :30		AM :30	
:45		:45		:45		:45	
:00		:00		:00		:00	
10 :15		10 :15		10 :15		10 :15	
AM :30		AM :30		AM :30		AM :30	
:45		:45		:45		:45	
:00		:00		:00		:00	
11 :15		11 :15		11 :15		11 :15	
AM :30		AM :30		AM :30		AM :30	
:45		:45		:45		:45	
:00		:00		:00		:00	
12 :15		12 :15		12 :15		12 :15	
PM :30		PM :30		PM :30		PM :30	
:45		:45		:45		:45	
:00		:00		:00		:00	
1 :15		1 :15		1 :15		1 :15	
PM :30		PM :30		PM :30		PM :30	
:45		:45		:45		:45	
:00		:00		:00		:00	
2 :15		2 :15		2 :15		2 :15	
PM :30		PM :30		PM :30		PM :30	
:45		:45		:45		:45	
:00		:00		:00		:00	
3 :15		3 :15		3 :15		3 :15	
PM :30		PM :30		PM :30		PM :30	
:45		:45		:45		:45	
:00		:00		:00		:00	
4 :15		4 :15		4 :15		4 :15	
PM :30		PM :30		PM :30		PM :30	
:45		:45		:45		:45	
:00		:00		:00		:00	
5 :15		5 :15		5 :15		5 :15	
PM :30		PM :30		PM :30		PM :30	
:45		:45		:45		:45	
:00		:00		:00		:00	
6 :15		6 :15		6 :15		6 :15	
PM :30		PM :30		PM :30		PM :30	
:45		:45		:45		:45	
:00		:00		:00		:00	
7 :15		7 :15		7 :15		7 :15	
PM :30		PM :30		PM :30		PM :30	
:45		:45		:45		:45	
:00		:00		:00		:00	
8 :15		8 :15		8 :15		8 :15	
PM :30		PM :30		PM :30		PM :30	
:45		:45		:45		:45	
:00		:00		:00		:00	
9 :15		9 :15		9 :15		9 :15	
PM :30		PM :30		PM :30		PM :30	
:45		:45		:45		:45	

FRIDAY		SATURDAY		SUNDAY	
:00		:00		:00	
7 :15		7 :15		7 :15	
AM :30		AM :30		AM :30	
:45		:45		:45	
:00		:00		:00	
8 :15		8 :15		8 :15	
AM :30		AM :30		AM :30	
:45		:45		:45	
:00		:00		:00	
9 :15		9 :15		9 :15	
AM :30		AM :30		AM :30	
:45		:45		:45	
:00		:00		:00	
10 :15		10 :15		10 :15	
AM :30		AM :30		AM :30	
:45		:45		:45	
:00		:00		:00	
11 :15		11 :15		11 :15	
AM :30		AM :30		AM :30	
:45		:45		:45	
:00		:00		:00	
12 :15		12 :15		12 :15	
PM :30		PM :30		PM :30	
:45		:45		:45	
:00		:00		:00	
1 :15		1 :15		1 :15	
PM :30		PM :30		PM :30	
:45		:45		:45	
:00		:00		:00	
2 :15		2 :15		2 :15	
PM :30		PM :30		PM :30	
:45		:45		:45	
:00		:00		:00	
3 :15		3 :15		3 :15	
PM :30		PM :30		PM :30	
:45		:45		:45	
:00		:00		:00	
4 :15		4 :15		4 :15	
PM :30		PM :30		PM :30	
:45		:45		:45	
:00		:00		:00	
5 :15		5 :15		5 :15	
PM :30		PM :30		PM :30	
:45		:45		:45	
:00		:00		:00	
6 :15		6 :15		6 :15	
PM :30		PM :30		PM :30	
:45		:45		:45	
:00		:00		:00	
7 :15		7 :15		7 :15	
PM :30		PM :30		PM :30	
:45		:45		:45	
:00		:00		:00	
8 :15		8 :15		8 :15	
PM :30		PM :30		PM :30	
:45		:45		:45	
:00		:00		:00	
9 :15		9 :15		9 :15	
PM :30		PM :30		PM :30	
:45		:45		:45	

MONTH / YEAR

MONDAY		TUESDAY		WEDNESDAY		THURSDAY	
:00		:00		:00		:00	
7 :15		7 :15		7 :15		7 :15	
AM :30		AM :30		AM :30		AM :30	
:45		:45		:45		:45	
:00		:00		:00		:00	
8 :15		8 :15		8 :15		8 :15	
AM :30		AM :30		AM :30		AM :30	
:45		:45		:45		:45	
:00		:00		:00		:00	
9 :15		9 :15		9 :15		9 :15	
AM :30		AM :30		AM :30		AM :30	
:45		:45		:45		:45	
:00		:00		:00		:00	
10 :15		10 :15		10 :15		10 :15	
AM :30		AM :30		AM :30		AM :30	
:45		:45		:45		:45	
:00		:00		:00		:00	
11 :15		11 :15		11 :15		11 :15	
AM :30		AM :30		AM :30		AM :30	
:45		:45		:45		:45	
:00		:00		:00		:00	
12 :15		12 :15		12 :15		12 :15	
PM :30		PM :30		PM :30		PM :30	
:45		:45		:45		:45	
:00		:00		:00		:00	
1 :15		1 :15		1 :15		1 :15	
PM :30		PM :30		PM :30		PM :30	
:45		:45		:45		:45	
:00		:00		:00		:00	
2 :15		2 :15		2 :15		2 :15	
PM :30		PM :30		PM :30		PM :30	
:45		:45		:45		:45	
:00		:00		:00		:00	
3 :15		3 :15		3 :15		3 :15	
PM :30		PM :30		PM :30		PM :30	
:45		:45		:45		:45	
:00		:00		:00		:00	
4 :15		4 :15		4 :15		4 :15	
PM :30		PM :30		PM :30		PM :30	
:45		:45		:45		:45	
:00		:00		:00		:00	
5 :15		5 :15		5 :15		5 :15	
PM :30		PM :30		PM :30		PM :30	
:45		:45		:45		:45	
:00		:00		:00		:00	
6 :15		6 :15		6 :15		6 :15	
PM :30		PM :30		PM :30		PM :30	
:45		:45		:45		:45	
:00		:00		:00		:00	
7 :15		7 :15		7 :15		7 :15	
PM :30		PM :30		PM :30		PM :30	
:45		:45		:45		:45	
:00		:00		:00		:00	
8 :15		8 :15		8 :15		8 :15	
PM :30		PM :30		PM :30		PM :30	
:45		:45		:45		:45	
:00		:00		:00		:00	
9 :15		9 :15		9 :15		9 :15	
PM :30		PM :30		PM :30		PM :30	
:45		:45		:45		:45	

FRIDAY		SATURDAY		SUNDAY	
7 AM	:00 :15 :30 :45	7 AM	:00 :15 :30 :45	7 AM	:00 :15 :30 :45
8 AM	:00 :15 :30 :45	8 AM	:00 :15 :30 :45	8 AM	:00 :15 :30 :45
9 AM	:00 :15 :30 :45	9 AM	:00 :15 :30 :45	9 AM	:00 :15 :30 :45
10 AM	:00 :15 :30 :45	10 AM	:00 :15 :30 :45	10 AM	:00 :15 :30 :45
11 AM	:00 :15 :30 :45	11 AM	:00 :15 :30 :45	11 AM	:00 :15 :30 :45
12 PM	:00 :15 :30 :45	12 PM	:00 :15 :30 :45	12 PM	:00 :15 :30 :45
1 PM	:00 :15 :30 :45	1 PM	:00 :15 :30 :45	1 PM	:00 :15 :30 :45
2 PM	:00 :15 :30 :45	2 PM	:00 :15 :30 :45	2 PM	:00 :15 :30 :45
3 PM	:00 :15 :30 :45	3 PM	:00 :15 :30 :45	3 PM	:00 :15 :30 :45
4 PM	:00 :15 :30 :45	4 PM	:00 :15 :30 :45	4 PM	:00 :15 :30 :45
5 PM	:00 :15 :30 :45	5 PM	:00 :15 :30 :45	5 PM	:00 :15 :30 :45
6 PM	:00 :15 :30 :45	6 PM	:00 :15 :30 :45	6 PM	:00 :15 :30 :45
7 PM	:00 :15 :30 :45	7 PM	:00 :15 :30 :45	7 PM	:00 :15 :30 :45
8 PM	:00 :15 :30 :45	8 PM	:00 :15 :30 :45	8 PM	:00 :15 :30 :45
9 PM	:00 :15 :30 :45	9 PM	:00 :15 :30 :45	9 PM	:00 :15 :30 :45

MONTH / YEAR

MONDAY	TUESDAY	WEDNESDAY	THURSDAY
7 AM :00 :15 :30 :45	7 AM :00 :15 :30 :45	7 AM :00 :15 :30 :45	7 AM :00 :15 :30 :45
8 AM :00 :15 :30 :45	8 AM :00 :15 :30 :45	8 AM :00 :15 :30 :45	8 AM :00 :15 :30 :45
9 AM :00 :15 :30 :45	9 AM :00 :15 :30 :45	9 AM :00 :15 :30 :45	9 AM :00 :15 :30 :45
10 AM :00 :15 :30 :45	10 AM :00 :15 :30 :45	10 AM :00 :15 :30 :45	10 AM :00 :15 :30 :45
11 AM :00 :15 :30 :45	11 AM :00 :15 :30 :45	11 AM :00 :15 :30 :45	11 AM :00 :15 :30 :45
12 PM :00 :15 :30 :45	12 PM :00 :15 :30 :45	12 PM :00 :15 :30 :45	12 PM :00 :15 :30 :45
1 PM :00 :15 :30 :45	1 PM :00 :15 :30 :45	1 PM :00 :15 :30 :45	1 PM :00 :15 :30 :45
2 PM :00 :15 :30 :45	2 PM :00 :15 :30 :45	2 PM :00 :15 :30 :45	2 PM :00 :15 :30 :45
3 PM :00 :15 :30 :45	3 PM :00 :15 :30 :45	3 PM :00 :15 :30 :45	3 PM :00 :15 :30 :45
4 PM :00 :15 :30 :45	4 PM :00 :15 :30 :45	4 PM :00 :15 :30 :45	4 PM :00 :15 :30 :45
5 PM :00 :15 :30 :45	5 PM :00 :15 :30 :45	5 PM :00 :15 :30 :45	5 PM :00 :15 :30 :45
6 PM :00 :15 :30 :45	6 PM :00 :15 :30 :45	6 PM :00 :15 :30 :45	6 PM :00 :15 :30 :45
7 PM :00 :15 :30 :45	7 PM :00 :15 :30 :45	7 PM :00 :15 :30 :45	7 PM :00 :15 :30 :45
8 PM :00 :15 :30 :45	8 PM :00 :15 :30 :45	8 PM :00 :15 :30 :45	8 PM :00 :15 :30 :45
9 PM :00 :15 :30 :45	9 PM :00 :15 :30 :45	9 PM :00 :15 :30 :45	9 PM :00 :15 :30 :45

FRIDAY		SATURDAY		SUNDAY	
:00		:00		:00	
7 :15		7 :15		7 :15	
AM :30		AM :30		AM :30	
:45		:45		:45	
:00		:00		:00	
8 :15		8 :15		8 :15	
AM :30		AM :30		AM :30	
:45		:45		:45	
:00		:00		:00	
9 :15		9 :15		9 :15	
AM :30		AM :30		AM :30	
:45		:45		:45	
:00		:00		:00	
10 :15		10 :15		10 :15	
AM :30		AM :30		AM :30	
:45		:45		:45	
:00		:00		:00	
11 :15		11 :15		11 :15	
AM :30		AM :30		AM :30	
:45		:45		:45	
:00		:00		:00	
12 :15		12 :15		12 :15	
PM :30		PM :30		PM :30	
:45		:45		:45	
:00		:00		:00	
1 :15		1 :15		1 :15	
PM :30		PM :30		PM :30	
:45		:45		:45	
:00		:00		:00	
2 :15		2 :15		2 :15	
PM :30		PM :30		PM :30	
:45		:45		:45	
:00		:00		:00	
3 :15		3 :15		3 :15	
PM :30		PM :30		PM :30	
:45		:45		:45	
:00		:00		:00	
4 :15		4 :15		4 :15	
PM :30		PM :30		PM :30	
:45		:45		:45	
:00		:00		:00	
5 :15		5 :15		5 :15	
PM :30		PM :30		PM :30	
:45		:45		:45	
:00		:00		:00	
6 :15		6 :15		6 :15	
PM :30		PM :30		PM :30	
:45		:45		:45	
:00		:00		:00	
7 :15		7 :15		7 :15	
PM :30		PM :30		PM :30	
:45		:45		:45	
:00		:00		:00	
8 :15		8 :15		8 :15	
PM :30		PM :30		PM :30	
:45		:45		:45	
:00		:00		:00	
9 :15		9 :15		9 :15	
PM :30		PM :30		PM :30	
:45		:45		:45	

MONTH / YEAR

MONDAY	TUESDAY	WEDNESDAY	THURSDAY
7 AM :00 :15 :30 :45	7 AM :00 :15 :30 :45	7 AM :00 :15 :30 :45	7 AM :00 :15 :30 :45
8 AM :00 :15 :30 :45	8 AM :00 :15 :30 :45	8 AM :00 :15 :30 :45	8 AM :00 :15 :30 :45
9 AM :00 :15 :30 :45	9 AM :00 :15 :30 :45	9 AM :00 :15 :30 :45	9 AM :00 :15 :30 :45
10 AM :00 :15 :30 :45	10 AM :00 :15 :30 :45	10 AM :00 :15 :30 :45	10 AM :00 :15 :30 :45
11 AM :00 :15 :30 :45	11 AM :00 :15 :30 :45	11 AM :00 :15 :30 :45	11 AM :00 :15 :30 :45
12 PM :00 :15 :30 :45	12 PM :00 :15 :30 :45	12 PM :00 :15 :30 :45	12 PM :00 :15 :30 :45
1 PM :00 :15 :30 :45	1 PM :00 :15 :30 :45	1 PM :00 :15 :30 :45	1 PM :00 :15 :30 :45
2 PM :00 :15 :30 :45	2 PM :00 :15 :30 :45	2 PM :00 :15 :30 :45	2 PM :00 :15 :30 :45
3 PM :00 :15 :30 :45	3 PM :00 :15 :30 :45	3 PM :00 :15 :30 :45	3 PM :00 :15 :30 :45
4 PM :00 :15 :30 :45	4 PM :00 :15 :30 :45	4 PM :00 :15 :30 :45	4 PM :00 :15 :30 :45
5 PM :00 :15 :30 :45	5 PM :00 :15 :30 :45	5 PM :00 :15 :30 :45	5 PM :00 :15 :30 :45
6 PM :00 :15 :30 :45	6 PM :00 :15 :30 :45	6 PM :00 :15 :30 :45	6 PM :00 :15 :30 :45
7 PM :00 :15 :30 :45	7 PM :00 :15 :30 :45	7 PM :00 :15 :30 :45	7 PM :00 :15 :30 :45
8 PM :00 :15 :30 :45	8 PM :00 :15 :30 :45	8 PM :00 :15 :30 :45	8 PM :00 :15 :30 :45
9 PM :00 :15 :30 :45	9 PM :00 :15 :30 :45	9 PM :00 :15 :30 :45	9 PM :00 :15 :30 :45

FRIDAY		SATURDAY		SUNDAY	
:00		:00		:00	
7 :15		7 :15		7 :15	
AM :30		AM :30		AM :30	
:45		:45		:45	
:00		:00		:00	
8 :15		8 :15		8 :15	
AM :30		AM :30		AM :30	
:45		:45		:45	
:00		:00		:00	
9 :15		9 :15		9 :15	
AM :30		AM :30		AM :30	
:45		:45		:45	
:00		:00		:00	
10 :15		10 :15		10 :15	
AM :30		AM :30		AM :30	
:45		:45		:45	
:00		:00		:00	
11 :15		11 :15		11 :15	
AM :30		AM :30		AM :30	
:45		:45		:45	
:00		:00		:00	
12 :15		12 :15		12 :15	
PM :30		PM :30		PM :30	
:45		:45		:45	
:00		:00		:00	
1 :15		1 :15		1 :15	
PM :30		PM :30		PM :30	
:45		:45		:45	
:00		:00		:00	
2 :15		2 :15		2 :15	
PM :30		PM :30		PM :30	
:45		:45		:45	
:00		:00		:00	
3 :15		3 :15		3 :15	
PM :30		PM :30		PM :30	
:45		:45		:45	
:00		:00		:00	
4 :15		4 :15		4 :15	
PM :30		PM :30		PM :30	
:45		:45		:45	
:00		:00		:00	
5 :15		5 :15		5 :15	
PM :30		PM :30		PM :30	
:45		:45		:45	
:00		:00		:00	
6 :15		6 :15		6 :15	
PM :30		PM :30		PM :30	
:45		:45		:45	
:00		:00		:00	
7 :15		7 :15		7 :15	
PM :30		PM :30		PM :30	
:45		:45		:45	
:00		:00		:00	
8 :15		8 :15		8 :15	
PM :30		PM :30		PM :30	
:45		:45		:45	
:00		:00		:00	
9 :15		9 :15		9 :15	
PM :30		PM :30		PM :30	
:45		:45		:45	

MONTH / YEAR

MONDAY		TUESDAY		WEDNESDAY		THURSDAY	
7 AM :00		7 AM :00		7 AM :00		7 AM :00	
:15		:15		:15		:15	
:30		:30		:30		:30	
:45		:45		:45		:45	
8 AM :00		8 AM :00		8 AM :00		8 AM :00	
:15		:15		:15		:15	
:30		:30		:30		:30	
:45		:45		:45		:45	
9 AM :00		9 AM :00		9 AM :00		9 AM :00	
:15		:15		:15		:15	
:30		:30		:30		:30	
:45		:45		:45		:45	
10 AM :00		10 AM :00		10 AM :00		10 AM :00	
:15		:15		:15		:15	
:30		:30		:30		:30	
:45		:45		:45		:45	
11 AM :00		11 AM :00		11 AM :00		11 AM :00	
:15		:15		:15		:15	
:30		:30		:30		:30	
:45		:45		:45		:45	
12 PM :00		12 PM :00		12 PM :00		12 PM :00	
:15		:15		:15		:15	
:30		:30		:30		:30	
:45		:45		:45		:45	
1 PM :00		1 PM :00		1 PM :00		1 PM :00	
:15		:15		:15		:15	
:30		:30		:30		:30	
:45		:45		:45		:45	
2 PM :00		2 PM :00		2 PM :00		2 PM :00	
:15		:15		:15		:15	
:30		:30		:30		:30	
:45		:45		:45		:45	
3 PM :00		3 PM :00		3 PM :00		3 PM :00	
:15		:15		:15		:15	
:30		:30		:30		:30	
:45		:45		:45		:45	
4 PM :00		4 PM :00		4 PM :00		4 PM :00	
:15		:15		:15		:15	
:30		:30		:30		:30	
:45		:45		:45		:45	
5 PM :00		5 PM :00		5 PM :00		5 PM :00	
:15		:15		:15		:15	
:30		:30		:30		:30	
:45		:45		:45		:45	
6 PM :00		6 PM :00		6 PM :00		6 PM :00	
:15		:15		:15		:15	
:30		:30		:30		:30	
:45		:45		:45		:45	
7 PM :00		7 PM :00		7 PM :00		7 PM :00	
:15		:15		:15		:15	
:30		:30		:30		:30	
:45		:45		:45		:45	
8 PM :00		8 PM :00		8 PM :00		8 PM :00	
:15		:15		:15		:15	
:30		:30		:30		:30	
:45		:45		:45		:45	
9 PM :00		9 PM :00		9 PM :00		9 PM :00	
:15		:15		:15		:15	
:30		:30		:30		:30	
:45		:45		:45		:45	

FRIDAY		SATURDAY		SUNDAY	
:00		:00		:00	
7 :15		7 :15		7 :15	
AM :30		AM :30		AM :30	
:45		:45		:45	
:00		:00		:00	
8 :15		8 :15		8 :15	
AM :30		AM :30		AM :30	
:45		:45		:45	
:00		:00		:00	
9 :15		9 :15		9 :15	
AM :30		AM :30		AM :30	
:45		:45		:45	
:00		:00		:00	
10 :15		10 :15		10 :15	
AM :30		AM :30		AM :30	
:45		:45		:45	
:00		:00		:00	
11 :15		11 :15		11 :15	
AM :30		AM :30		AM :30	
:45		:45		:45	
:00		:00		:00	
12 :15		12 :15		12 :15	
PM :30		PM :30		PM :30	
:45		:45		:45	
:00		:00		:00	
1 :15		1 :15		1 :15	
PM :30		PM :30		PM :30	
:45		:45		:45	
:00		:00		:00	
2 :15		2 :15		2 :15	
PM :30		PM :30		PM :30	
:45		:45		:45	
:00		:00		:00	
3 :15		3 :15		3 :15	
PM :30		PM :30		PM :30	
:45		:45		:45	
:00		:00		:00	
4 :15		4 :15		4 :15	
PM :30		PM :30		PM :30	
:45		:45		:45	
:00		:00		:00	
5 :15		5 :15		5 :15	
PM :30		PM :30		PM :30	
:45		:45		:45	
:00		:00		:00	
6 :15		6 :15		6 :15	
PM :30		PM :30		PM :30	
:45		:45		:45	
:00		:00		:00	
7 :15		7 :15		7 :15	
PM :30		PM :30		PM :30	
:45		:45		:45	
:00		:00		:00	
8 :15		8 :15		8 :15	
PM :30		PM :30		PM :30	
:45		:45		:45	
:00		:00		:00	
9 :15		9 :15		9 :15	
PM :30		PM :30		PM :30	
:45		:45		:45	

MONTH / YEAR

MONDAY		TUESDAY		WEDNESDAY		THURSDAY	
:00		:00		:00		:00	
7 :15		7 :15		7 :15		7 :15	
AM :30		AM :30		AM :30		AM :30	
:45		:45		:45		:45	
:00		:00		:00		:00	
8 :15		8 :15		8 :15		8 :15	
AM :30		AM :30		AM :30		AM :30	
:45		:45		:45		:45	
:00		:00		:00		:00	
9 :15		9 :15		9 :15		9 :15	
AM :30		AM :30		AM :30		AM :30	
:45		:45		:45		:45	
:00		:00		:00		:00	
10 :15		10 :15		10 :15		10 :15	
AM :30		AM :30		AM :30		AM :30	
:45		:45		:45		:45	
:00		:00		:00		:00	
11 :15		11 :15		11 :15		11 :15	
AM :30		AM :30		AM :30		AM :30	
:45		:45		:45		:45	
:00		:00		:00		:00	
12 :15		12 :15		12 :15		12 :15	
PM :30		PM :30		PM :30		PM :30	
:45		:45		:45		:45	
:00		:00		:00		:00	
1 :15		1 :15		1 :15		1 :15	
PM :30		PM :30		PM :30		PM :30	
:45		:45		:45		:45	
:00		:00		:00		:00	
2 :15		2 :15		2 :15		2 :15	
PM :30		PM :30		PM :30		PM :30	
:45		:45		:45		:45	
:00		:00		:00		:00	
3 :15		3 :15		3 :15		3 :15	
PM :30		PM :30		PM :30		PM :30	
:45		:45		:45		:45	
:00		:00		:00		:00	
4 :15		4 :15		4 :15		4 :15	
PM :30		PM :30		PM :30		PM :30	
:45		:45		:45		:45	
:00		:00		:00		:00	
5 :15		5 :15		5 :15		5 :15	
PM :30		PM :30		PM :30		PM :30	
:45		:45		:45		:45	
:00		:00		:00		:00	
6 :15		6 :15		6 :15		6 :15	
PM :30		PM :30		PM :30		PM :30	
:45		:45		:45		:45	
:00		:00		:00		:00	
7 :15		7 :15		7 :15		7 :15	
PM :30		PM :30		PM :30		PM :30	
:45		:45		:45		:45	
:00		:00		:00		:00	
8 :15		8 :15		8 :15		8 :15	
PM :30		PM :30		PM :30		PM :30	
:45		:45		:45		:45	
:00		:00		:00		:00	
9 :15		9 :15		9 :15		9 :15	
PM :30		PM :30		PM :30		PM :30	
:45		:45		:45		:45	

FRIDAY	SATURDAY	SUNDAY
7 AM :00 :15 :30 :45	7 AM :00 :15 :30 :45	7 AM :00 :15 :30 :45
8 AM :00 :15 :30 :45	8 AM :00 :15 :30 :45	8 AM :00 :15 :30 :45
9 AM :00 :15 :30 :45	9 AM :00 :15 :30 :45	9 AM :00 :15 :30 :45
10 AM :00 :15 :30 :45	10 AM :00 :15 :30 :45	10 AM :00 :15 :30 :45
11 AM :00 :15 :30 :45	11 AM :00 :15 :30 :45	11 AM :00 :15 :30 :45
12 PM :00 :15 :30 :45	12 PM :00 :15 :30 :45	12 PM :00 :15 :30 :45
1 PM :00 :15 :30 :45	1 PM :00 :15 :30 :45	1 PM :00 :15 :30 :45
2 PM :00 :15 :30 :45	2 PM :00 :15 :30 :45	2 PM :00 :15 :30 :45
3 PM :00 :15 :30 :45	3 PM :00 :15 :30 :45	3 PM :00 :15 :30 :45
4 PM :00 :15 :30 :45	4 PM :00 :15 :30 :45	4 PM :00 :15 :30 :45
5 PM :00 :15 :30 :45	5 PM :00 :15 :30 :45	5 PM :00 :15 :30 :45
6 PM :00 :15 :30 :45	6 PM :00 :15 :30 :45	6 PM :00 :15 :30 :45
7 PM :00 :15 :30 :45	7 PM :00 :15 :30 :45	7 PM :00 :15 :30 :45
8 PM :00 :15 :30 :45	8 PM :00 :15 :30 :45	8 PM :00 :15 :30 :45
9 PM :00 :15 :30 :45	9 PM :00 :15 :30 :45	9 PM :00 :15 :30 :45

MONTH / YEAR

MONDAY	TUESDAY	WEDNESDAY	THURSDAY
7 AM :00 :15 :30 :45	7 AM :00 :15 :30 :45	7 AM :00 :15 :30 :45	7 AM :00 :15 :30 :45
8 AM :00 :15 :30 :45	8 AM :00 :15 :30 :45	8 AM :00 :15 :30 :45	8 AM :00 :15 :30 :45
9 AM :00 :15 :30 :45	9 AM :00 :15 :30 :45	9 AM :00 :15 :30 :45	9 AM :00 :15 :30 :45
10 AM :00 :15 :30 :45	10 AM :00 :15 :30 :45	10 AM :00 :15 :30 :45	10 AM :00 :15 :30 :45
11 AM :00 :15 :30 :45	11 AM :00 :15 :30 :45	11 AM :00 :15 :30 :45	11 AM :00 :15 :30 :45
12 PM :00 :15 :30 :45	12 PM :00 :15 :30 :45	12 PM :00 :15 :30 :45	12 PM :00 :15 :30 :45
1 PM :00 :15 :30 :45	1 PM :00 :15 :30 :45	1 PM :00 :15 :30 :45	1 PM :00 :15 :30 :45
2 PM :00 :15 :30 :45	2 PM :00 :15 :30 :45	2 PM :00 :15 :30 :45	2 PM :00 :15 :30 :45
3 PM :00 :15 :30 :45	3 PM :00 :15 :30 :45	3 PM :00 :15 :30 :45	3 PM :00 :15 :30 :45
4 PM :00 :15 :30 :45	4 PM :00 :15 :30 :45	4 PM :00 :15 :30 :45	4 PM :00 :15 :30 :45
5 PM :00 :15 :30 :45	5 PM :00 :15 :30 :45	5 PM :00 :15 :30 :45	5 PM :00 :15 :30 :45
6 PM :00 :15 :30 :45	6 PM :00 :15 :30 :45	6 PM :00 :15 :30 :45	6 PM :00 :15 :30 :45
7 PM :00 :15 :30 :45	7 PM :00 :15 :30 :45	7 PM :00 :15 :30 :45	7 PM :00 :15 :30 :45
8 PM :00 :15 :30 :45	8 PM :00 :15 :30 :45	8 PM :00 :15 :30 :45	8 PM :00 :15 :30 :45
9 PM :00 :15 :30 :45	9 PM :00 :15 :30 :45	9 PM :00 :15 :30 :45	9 PM :00 :15 :30 :45

FRIDAY		SATURDAY		SUNDAY	
:00		:00		:00	
7 :15		7 :15		7 :15	
AM :30		AM :30		AM :30	
:45		:45		:45	
:00		:00		:00	
8 :15		8 :15		8 :15	
AM :30		AM :30		AM :30	
:45		:45		:45	
:00		:00		:00	
9 :15		9 :15		9 :15	
AM :30		AM :30		AM :30	
:45		:45		:45	
:00		:00		:00	
10 :15		10 :15		10 :15	
AM :30		AM :30		AM :30	
:45		:45		:45	
:00		:00		:00	
11 :15		11 :15		11 :15	
AM :30		AM :30		AM :30	
:45		:45		:45	
:00		:00		:00	
12 :15		12 :15		12 :15	
PM :30		PM :30		PM :30	
:45		:45		:45	
:00		:00		:00	
1 :15		1 :15		1 :15	
PM :30		PM :30		PM :30	
:45		:45		:45	
:00		:00		:00	
2 :15		2 :15		2 :15	
PM :30		PM :30		PM :30	
:45		:45		:45	
:00		:00		:00	
3 :15		3 :15		3 :15	
PM :30		PM :30		PM :30	
:45		:45		:45	
:00		:00		:00	
4 :15		4 :15		4 :15	
PM :30		PM :30		PM :30	
:45		:45		:45	
:00		:00		:00	
5 :15		5 :15		5 :15	
PM :30		PM :30		PM :30	
:45		:45		:45	
:00		:00		:00	
6 :15		6 :15		6 :15	
PM :30		PM :30		PM :30	
:45		:45		:45	
:00		:00		:00	
7 :15		7 :15		7 :15	
PM :30		PM :30		PM :30	
:45		:45		:45	
:00		:00		:00	
8 :15		8 :15		8 :15	
PM :30		PM :30		PM :30	
:45		:45		:45	
:00		:00		:00	
9 :15		9 :15		9 :15	
PM :30		PM :30		PM :30	
:45		:45		:45	

MONTH / YEAR

MONDAY		TUESDAY		WEDNESDAY		THURSDAY	
:00		:00		:00		:00	
7 :15		7 :15		7 :15		7 :15	
AM :30		AM :30		AM :30		AM :30	
:45		:45		:45		:45	
:00		:00		:00		:00	
8 :15		8 :15		8 :15		8 :15	
AM :30		AM :30		AM :30		AM :30	
:45		:45		:45		:45	
:00		:00		:00		:00	
9 :15		9 :15		9 :15		9 :15	
AM :30		AM :30		AM :30		AM :30	
:45		:45		:45		:45	
:00		:00		:00		:00	
10 :15		10 :15		10 :15		10 :15	
AM :30		AM :30		AM :30		AM :30	
:45		:45		:45		:45	
:00		:00		:00		:00	
11 :15		11 :15		11 :15		11 :15	
AM :30		AM :30		AM :30		AM :30	
:45		:45		:45		:45	
:00		:00		:00		:00	
12 :15		12 :15		12 :15		12 :15	
PM :30		PM :30		PM :30		PM :30	
:45		:45		:45		:45	
:00		:00		:00		:00	
1 :15		1 :15		1 :15		1 :15	
PM :30		PM :30		PM :30		PM :30	
:45		:45		:45		:45	
:00		:00		:00		:00	
2 :15		2 :15		2 :15		2 :15	
PM :30		PM :30		PM :30		PM :30	
:45		:45		:45		:45	
:00		:00		:00		:00	
3 :15		3 :15		3 :15		3 :15	
PM :30		PM :30		PM :30		PM :30	
:45		:45		:45		:45	
:00		:00		:00		:00	
4 :15		4 :15		4 :15		4 :15	
PM :30		PM :30		PM :30		PM :30	
:45		:45		:45		:45	
:00		:00		:00		:00	
5 :15		5 :15		5 :15		5 :15	
PM :30		PM :30		PM :30		PM :30	
:45		:45		:45		:45	
:00		:00		:00		:00	
6 :15		6 :15		6 :15		6 :15	
PM :30		PM :30		PM :30		PM :30	
:45		:45		:45		:45	
:00		:00		:00		:00	
7 :15		7 :15		7 :15		7 :15	
PM :30		PM :30		PM :30		PM :30	
:45		:45		:45		:45	
:00		:00		:00		:00	
8 :15		8 :15		8 :15		8 :15	
PM :30		PM :30		PM :30		PM :30	
:45		:45		:45		:45	
:00		:00		:00		:00	
9 :15		9 :15		9 :15		9 :15	
PM :30		PM :30		PM :30		PM :30	
:45		:45		:45		:45	

FRIDAY	SATURDAY	SUNDAY
7 AM :00 :15 :30 :45	7 AM :00 :15 :30 :45	7 AM :00 :15 :30 :45
8 AM :00 :15 :30 :45	8 AM :00 :15 :30 :45	8 AM :00 :15 :30 :45
9 AM :00 :15 :30 :45	9 AM :00 :15 :30 :45	9 AM :00 :15 :30 :45
10 AM :00 :15 :30 :45	10 AM :00 :15 :30 :45	10 AM :00 :15 :30 :45
11 AM :00 :15 :30 :45	11 AM :00 :15 :30 :45	11 AM :00 :15 :30 :45
12 PM :00 :15 :30 :45	12 PM :00 :15 :30 :45	12 PM :00 :15 :30 :45
1 PM :00 :15 :30 :45	1 PM :00 :15 :30 :45	1 PM :00 :15 :30 :45
2 PM :00 :15 :30 :45	2 PM :00 :15 :30 :45	2 PM :00 :15 :30 :45
3 PM :00 :15 :30 :45	3 PM :00 :15 :30 :45	3 PM :00 :15 :30 :45
4 PM :00 :15 :30 :45	4 PM :00 :15 :30 :45	4 PM :00 :15 :30 :45
5 PM :00 :15 :30 :45	5 PM :00 :15 :30 :45	5 PM :00 :15 :30 :45
6 PM :00 :15 :30 :45	6 PM :00 :15 :30 :45	6 PM :00 :15 :30 :45
7 PM :00 :15 :30 :45	7 PM :00 :15 :30 :45	7 PM :00 :15 :30 :45
8 PM :00 :15 :30 :45	8 PM :00 :15 :30 :45	8 PM :00 :15 :30 :45
9 PM :00 :15 :30 :45	9 PM :00 :15 :30 :45	9 PM :00 :15 :30 :45

MONTH / YEAR

Time	MONDAY	TUESDAY	WEDNESDAY	THURSDAY
7 AM :00				
:15				
:30				
:45				
8 AM :00				
:15				
:30				
:45				
9 AM :00				
:15				
:30				
:45				
10 AM :00				
:15				
:30				
:45				
11 AM :00				
:15				
:30				
:45				
12 PM :00				
:15				
:30				
:45				
1 PM :00				
:15				
:30				
:45				
2 PM :00				
:15				
:30				
:45				
3 PM :00				
:15				
:30				
:45				
4 PM :00				
:15				
:30				
:45				
5 PM :00				
:15				
:30				
:45				
6 PM :00				
:15				
:30				
:45				
7 PM :00				
:15				
:30				
:45				
8 PM :00				
:15				
:30				
:45				
9 PM :00				
:15				
:30				
:45				

FRIDAY		SATURDAY		SUNDAY	
:00		:00		:00	
7 :15		7 :15		7 :15	
AM :30		AM :30		AM :30	
:45		:45		:45	
:00		:00		:00	
8 :15		8 :15		8 :15	
AM :30		AM :30		AM :30	
:45		:45		:45	
:00		:00		:00	
9 :15		9 :15		9 :15	
AM :30		AM :30		AM :30	
:45		:45		:45	
:00		:00		:00	
10 :15		10 :15		10 :15	
AM :30		AM :30		AM :30	
:45		:45		:45	
:00		:00		:00	
11 :15		11 :15		11 :15	
AM :30		AM :30		AM :30	
:45		:45		:45	
:00		:00		:00	
12 :15		12 :15		12 :15	
PM :30		PM :30		PM :30	
:45		:45		:45	
:00		:00		:00	
1 :15		1 :15		1 :15	
PM :30		PM :30		PM :30	
:45		:45		:45	
:00		:00		:00	
2 :15		2 :15		2 :15	
PM :30		PM :30		PM :30	
:45		:45		:45	
:00		:00		:00	
3 :15		3 :15		3 :15	
PM :30		PM :30		PM :30	
:45		:45		:45	
:00		:00		:00	
4 :15		4 :15		4 :15	
PM :30		PM :30		PM :30	
:45		:45		:45	
:00		:00		:00	
5 :15		5 :15		5 :15	
PM :30		PM :30		PM :30	
:45		:45		:45	
:00		:00		:00	
6 :15		6 :15		6 :15	
PM :30		PM :30		PM :30	
:45		:45		:45	
:00		:00		:00	
7 :15		7 :15		7 :15	
PM :30		PM :30		PM :30	
:45		:45		:45	
:00		:00		:00	
8 :15		8 :15		8 :15	
PM :30		PM :30		PM :30	
:45		:45		:45	
:00		:00		:00	
9 :15		9 :15		9 :15	
PM :30		PM :30		PM :30	
:45		:45		:45	

MONTH / YEAR

MONDAY		TUESDAY		WEDNESDAY		THURSDAY	
:00		:00		:00		:00	
7 :15		7 :15		7 :15		7 :15	
AM :30		AM :30		AM :30		AM :30	
:45		:45		:45		:45	
:00		:00		:00		:00	
8 :15		8 :15		8 :15		8 :15	
AM :30		AM :30		AM :30		AM :30	
:45		:45		:45		:45	
:00		:00		:00		:00	
9 :15		9 :15		9 :15		9 :15	
AM :30		AM :30		AM :30		AM :30	
:45		:45		:45		:45	
:00		:00		:00		:00	
10 :15		10 :15		10 :15		10 :15	
AM :30		AM :30		AM :30		AM :30	
:45		:45		:45		:45	
:00		:00		:00		:00	
11 :15		11 :15		11 :15		11 :15	
AM :30		AM :30		AM :30		AM :30	
:45		:45		:45		:45	
:00		:00		:00		:00	
12 :15		12 :15		12 :15		12 :15	
PM :30		PM :30		PM :30		PM :30	
:45		:45		:45		:45	
:00		:00		:00		:00	
1 :15		1 :15		1 :15		1 :15	
PM :30		PM :30		PM :30		PM :30	
:45		:45		:45		:45	
:00		:00		:00		:00	
2 :15		2 :15		2 :15		2 :15	
PM :30		PM :30		PM :30		PM :30	
:45		:45		:45		:45	
:00		:00		:00		:00	
3 :15		3 :15		3 :15		3 :15	
PM :30		PM :30		PM :30		PM :30	
:45		:45		:45		:45	
:00		:00		:00		:00	
4 :15		4 :15		4 :15		4 :15	
PM :30		PM :30		PM :30		PM :30	
:45		:45		:45		:45	
:00		:00		:00		:00	
5 :15		5 :15		5 :15		5 :15	
PM :30		PM :30		PM :30		PM :30	
:45		:45		:45		:45	
:00		:00		:00		:00	
6 :15		6 :15		6 :15		6 :15	
PM :30		PM :30		PM :30		PM :30	
:45		:45		:45		:45	
:00		:00		:00		:00	
7 :15		7 :15		7 :15		7 :15	
PM :30		PM :30		PM :30		PM :30	
:45		:45		:45		:45	
:00		:00		:00		:00	
8 :15		8 :15		8 :15		8 :15	
PM :30		PM :30		PM :30		PM :30	
:45		:45		:45		:45	
:00		:00		:00		:00	
9 :15		9 :15		9 :15		9 :15	
PM :30		PM :30		PM :30		PM :30	
:45		:45		:45		:45	

FRIDAY		SATURDAY		SUNDAY		MONTH / YEAR
7 AM	:00 :15 :30 :45	7 AM	:00 :15 :30 :45	7 AM	:00 :15 :30 :45	
8 AM	:00 :15 :30 :45	8 AM	:00 :15 :30 :45	8 AM	:00 :15 :30 :45	
9 AM	:00 :15 :30 :45	9 AM	:00 :15 :30 :45	9 AM	:00 :15 :30 :45	
10 AM	:00 :15 :30 :45	10 AM	:00 :15 :30 :45	10 AM	:00 :15 :30 :45	
11 AM	:00 :15 :30 :45	11 AM	:00 :15 :30 :45	11 AM	:00 :15 :30 :45	
12 PM	:00 :15 :30 :45	12 PM	:00 :15 :30 :45	12 PM	:00 :15 :30 :45	
1 PM	:00 :15 :30 :45	1 PM	:00 :15 :30 :45	1 PM	:00 :15 :30 :45	
2 PM	:00 :15 :30 :45	2 PM	:00 :15 :30 :45	2 PM	:00 :15 :30 :45	
3 PM	:00 :15 :30 :45	3 PM	:00 :15 :30 :45	3 PM	:00 :15 :30 :45	
4 PM	:00 :15 :30 :45	4 PM	:00 :15 :30 :45	4 PM	:00 :15 :30 :45	
5 PM	:00 :15 :30 :45	5 PM	:00 :15 :30 :45	5 PM	:00 :15 :30 :45	
6 PM	:00 :15 :30 :45	6 PM	:00 :15 :30 :45	6 PM	:00 :15 :30 :45	
7 PM	:00 :15 :30 :45	7 PM	:00 :15 :30 :45	7 PM	:00 :15 :30 :45	
8 PM	:00 :15 :30 :45	8 PM	:00 :15 :30 :45	8 PM	:00 :15 :30 :45	
9 PM	:00 :15 :30 :45	9 PM	:00 :15 :30 :45	9 PM	:00 :15 :30 :45	

MONDAY		TUESDAY		WEDNESDAY		THURSDAY	
:00		:00		:00		:00	
7 :15		7 :15		7 :15		7 :15	
AM :30		AM :30		AM :30		AM :30	
:45		:45		:45		:45	
:00		:00		:00		:00	
8 :15		8 :15		8 :15		8 :15	
AM :30		AM :30		AM :30		AM :30	
:45		:45		:45		:45	
:00		:00		:00		:00	
9 :15		9 :15		9 :15		9 :15	
AM :30		AM :30		AM :30		AM :30	
:45		:45		:45		:45	
:00		:00		:00		:00	
10 :15		10 :15		10 :15		10 :15	
AM :30		AM :30		AM :30		AM :30	
:45		:45		:45		:45	
:00		:00		:00		:00	
11 :15		11 :15		11 :15		11 :15	
AM :30		AM :30		AM :30		AM :30	
:45		:45		:45		:45	
:00		:00		:00		:00	
12 :15		12 :15		12 :15		12 :15	
PM :30		PM :30		PM :30		PM :30	
:45		:45		:45		:45	
:00		:00		:00		:00	
1 :15		1 :15		1 :15		1 :15	
PM :30		PM :30		PM :30		PM :30	
:45		:45		:45		:45	
:00		:00		:00		:00	
2 :15		2 :15		2 :15		2 :15	
PM :30		PM :30		PM :30		PM :30	
:45		:45		:45		:45	
:00		:00		:00		:00	
3 :15		3 :15		3 :15		3 :15	
PM :30		PM :30		PM :30		PM :30	
:45		:45		:45		:45	
:00		:00		:00		:00	
4 :15		4 :15		4 :15		4 :15	
PM :30		PM :30		PM :30		PM :30	
:45		:45		:45		:45	
:00		:00		:00		:00	
5 :15		5 :15		5 :15		5 :15	
PM :30		PM :30		PM :30		PM :30	
:45		:45		:45		:45	
:00		:00		:00		:00	
6 :15		6 :15		6 :15		6 :15	
PM :30		PM :30		PM :30		PM :30	
:45		:45		:45		:45	
:00		:00		:00		:00	
7 :15		7 :15		7 :15		7 :15	
PM :30		PM :30		PM :30		PM :30	
:45		:45		:45		:45	
:00		:00		:00		:00	
8 :15		8 :15		8 :15		8 :15	
PM :30		PM :30		PM :30		PM :30	
:45		:45		:45		:45	
:00		:00		:00		:00	
9 :15		9 :15		9 :15		9 :15	
PM :30		PM :30		PM :30		PM :30	
:45		:45		:45		:45	

Time	FRIDAY	SATURDAY	SUNDAY
7 AM :00			
:15			
:30			
:45			
8 AM :00			
:15			
:30			
:45			
9 AM :00			
:15			
:30			
:45			
10 AM :00			
:15			
:30			
:45			
11 AM :00			
:15			
:30			
:45			
12 PM :00			
:15			
:30			
:45			
1 PM :00			
:15			
:30			
:45			
2 PM :00			
:15			
:30			
:45			
3 PM :00			
:15			
:30			
:45			
4 PM :00			
:15			
:30			
:45			
5 PM :00			
:15			
:30			
:45			
6 PM :00			
:15			
:30			
:45			
7 PM :00			
:15			
:30			
:45			
8 PM :00			
:15			
:30			
:45			
9 PM :00			
:15			
:30			
:45			

MONTH / YEAR

MONDAY	TUESDAY	WEDNESDAY	THURSDAY
7 AM :00 :15 :30 :45	7 AM :00 :15 :30 :45	7 AM :00 :15 :30 :45	7 AM :00 :15 :30 :45
8 AM :00 :15 :30 :45	8 AM :00 :15 :30 :45	8 AM :00 :15 :30 :45	8 AM :00 :15 :30 :45
9 AM :00 :15 :30 :45	9 AM :00 :15 :30 :45	9 AM :00 :15 :30 :45	9 AM :00 :15 :30 :45
10 AM :00 :15 :30 :45	10 AM :00 :15 :30 :45	10 AM :00 :15 :30 :45	10 AM :00 :15 :30 :45
11 AM :00 :15 :30 :45	11 AM :00 :15 :30 :45	11 AM :00 :15 :30 :45	11 AM :00 :15 :30 :45
12 PM :00 :15 :30 :45	12 PM :00 :15 :30 :45	12 PM :00 :15 :30 :45	12 PM :00 :15 :30 :45
1 PM :00 :15 :30 :45	1 PM :00 :15 :30 :45	1 PM :00 :15 :30 :45	1 PM :00 :15 :30 :45
2 PM :00 :15 :30 :45	2 PM :00 :15 :30 :45	2 PM :00 :15 :30 :45	2 PM :00 :15 :30 :45
3 PM :00 :15 :30 :45	3 PM :00 :15 :30 :45	3 PM :00 :15 :30 :45	3 PM :00 :15 :30 :45
4 PM :00 :15 :30 :45	4 PM :00 :15 :30 :45	4 PM :00 :15 :30 :45	4 PM :00 :15 :30 :45
5 PM :00 :15 :30 :45	5 PM :00 :15 :30 :45	5 PM :00 :15 :30 :45	5 PM :00 :15 :30 :45
6 PM :00 :15 :30 :45	6 PM :00 :15 :30 :45	6 PM :00 :15 :30 :45	6 PM :00 :15 :30 :45
7 PM :00 :15 :30 :45	7 PM :00 :15 :30 :45	7 PM :00 :15 :30 :45	7 PM :00 :15 :30 :45
8 PM :00 :15 :30 :45	8 PM :00 :15 :30 :45	8 PM :00 :15 :30 :45	8 PM :00 :15 :30 :45
9 PM :00 :15 :30 :45	9 PM :00 :15 :30 :45	9 PM :00 :15 :30 :45	9 PM :00 :15 :30 :45

FRIDAY		SATURDAY		SUNDAY	
7 AM :00		7 AM :00		7 AM :00	
:15		:15		:15	
:30		:30		:30	
:45		:45		:45	
8 AM :00		8 AM :00		8 AM :00	
:15		:15		:15	
:30		:30		:30	
:45		:45		:45	
9 AM :00		9 AM :00		9 AM :00	
:15		:15		:15	
:30		:30		:30	
:45		:45		:45	
10 AM :00		10 AM :00		10 AM :00	
:15		:15		:15	
:30		:30		:30	
:45		:45		:45	
11 AM :00		11 AM :00		11 AM :00	
:15		:15		:15	
:30		:30		:30	
:45		:45		:45	
12 PM :00		12 PM :00		12 PM :00	
:15		:15		:15	
:30		:30		:30	
:45		:45		:45	
1 PM :00		1 PM :00		1 PM :00	
:15		:15		:15	
:30		:30		:30	
:45		:45		:45	
2 PM :00		2 PM :00		2 PM :00	
:15		:15		:15	
:30		:30		:30	
:45		:45		:45	
3 PM :00		3 PM :00		3 PM :00	
:15		:15		:15	
:30		:30		:30	
:45		:45		:45	
4 PM :00		4 PM :00		4 PM :00	
:15		:15		:15	
:30		:30		:30	
:45		:45		:45	
5 PM :00		5 PM :00		5 PM :00	
:15		:15		:15	
:30		:30		:30	
:45		:45		:45	
6 PM :00		6 PM :00		6 PM :00	
:15		:15		:15	
:30		:30		:30	
:45		:45		:45	
7 PM :00		7 PM :00		7 PM :00	
:15		:15		:15	
:30		:30		:30	
:45		:45		:45	
8 PM :00		8 PM :00		8 PM :00	
:15		:15		:15	
:30		:30		:30	
:45		:45		:45	
9 PM :00		9 PM :00		9 PM :00	
:15		:15		:15	
:30		:30		:30	
:45		:45		:45	

MONTH / YEAR

MONDAY		TUESDAY		WEDNESDAY		THURSDAY	
:00		:00		:00		:00	
7 :15		7 :15		7 :15		7 :15	
AM :30		AM :30		AM :30		AM :30	
:45		:45		:45		:45	
:00		:00		:00		:00	
8 :15		8 :15		8 :15		8 :15	
AM :30		AM :30		AM :30		AM :30	
:45		:45		:45		:45	
:00		:00		:00		:00	
9 :15		9 :15		9 :15		9 :15	
AM :30		AM :30		AM :30		AM :30	
:45		:45		:45		:45	
:00		:00		:00		:00	
10 :15		10 :15		10 :15		10 :15	
AM :30		AM :30		AM :30		AM :30	
:45		:45		:45		:45	
:00		:00		:00		:00	
11 :15		11 :15		11 :15		11 :15	
AM :30		AM :30		AM :30		AM :30	
:45		:45		:45		:45	
:00		:00		:00		:00	
12 :15		12 :15		12 :15		12 :15	
PM :30		PM :30		PM :30		PM :30	
:45		:45		:45		:45	
:00		:00		:00		:00	
1 :15		1 :15		1 :15		1 :15	
PM :30		PM :30		PM :30		PM :30	
:45		:45		:45		:45	
:00		:00		:00		:00	
2 :15		2 :15		2 :15		2 :15	
PM :30		PM :30		PM :30		PM :30	
:45		:45		:45		:45	
:00		:00		:00		:00	
3 :15		3 :15		3 :15		3 :15	
PM :30		PM :30		PM :30		PM :30	
:45		:45		:45		:45	
:00		:00		:00		:00	
4 :15		4 :15		4 :15		4 :15	
PM :30		PM :30		PM :30		PM :30	
:45		:45		:45		:45	
:00		:00		:00		:00	
5 :15		5 :15		5 :15		5 :15	
PM :30		PM :30		PM :30		PM :30	
:45		:45		:45		:45	
:00		:00		:00		:00	
6 :15		6 :15		6 :15		6 :15	
PM :30		PM :30		PM :30		PM :30	
:45		:45		:45		:45	
:00		:00		:00		:00	
7 :15		7 :15		7 :15		7 :15	
PM :30		PM :30		PM :30		PM :30	
:45		:45		:45		:45	
:00		:00		:00		:00	
8 :15		8 :15		8 :15		8 :15	
PM :30		PM :30		PM :30		PM :30	
:45		:45		:45		:45	
:00		:00		:00		:00	
9 :15		9 :15		9 :15		9 :15	
PM :30		PM :30		PM :30		PM :30	
:45		:45		:45		:45	

FRIDAY	SATURDAY	SUNDAY
:00	:00	:00
7 :15	7 :15	7 :15
AM :30	AM :30	AM :30
:45	:45	:45
:00	:00	:00
8 :15	8 :15	8 :15
AM :30	AM :30	AM :30
:45	:45	:45
:00	:00	:00
9 :15	9 :15	9 :15
AM :30	AM :30	AM :30
:45	:45	:45
:00	:00	:00
10 :15	10 :15	10 :15
AM :30	AM :30	AM :30
:45	:45	:45
:00	:00	:00
11 :15	11 :15	11 :15
AM :30	AM :30	AM :30
:45	:45	:45
:00	:00	:00
12 :15	12 :15	12 :15
PM :30	PM :30	PM :30
:45	:45	:45
:00	:00	:00
1 :15	1 :15	1 :15
PM :30	PM :30	PM :30
:45	:45	:45
:00	:00	:00
2 :15	2 :15	2 :15
PM :30	PM :30	PM :30
:45	:45	:45
:00	:00	:00
3 :15	3 :15	3 :15
PM :30	PM :30	PM :30
:45	:45	:45
:00	:00	:00
4 :15	4 :15	4 :15
PM :30	PM :30	PM :30
:45	:45	:45
:00	:00	:00
5 :15	5 :15	5 :15
PM :30	PM :30	PM :30
:45	:45	:45
:00	:00	:00
6 :15	6 :15	6 :15
PM :30	PM :30	PM :30
:45	:45	:45
:00	:00	:00
7 :15	7 :15	7 :15
PM :30	PM :30	PM :30
:45	:45	:45
:00	:00	:00
8 :15	8 :15	8 :15
PM :30	PM :30	PM :30
:45	:45	:45
:00	:00	:00
9 :15	9 :15	9 :15
PM :30	PM :30	PM :30
:45	:45	:45

MONTH / YEAR

MONDAY	TUESDAY	WEDNESDAY	THURSDAY
7 AM :00 :15 :30 :45	7 AM :00 :15 :30 :45	7 AM :00 :15 :30 :45	7 AM :00 :15 :30 :45
8 AM :00 :15 :30 :45	8 AM :00 :15 :30 :45	8 AM :00 :15 :30 :45	8 AM :00 :15 :30 :45
9 AM :00 :15 :30 :45	9 AM :00 :15 :30 :45	9 AM :00 :15 :30 :45	9 AM :00 :15 :30 :45
10 AM :00 :15 :30 :45	10 AM :00 :15 :30 :45	10 AM :00 :15 :30 :45	10 AM :00 :15 :30 :45
11 AM :00 :15 :30 :45	11 AM :00 :15 :30 :45	11 AM :00 :15 :30 :45	11 AM :00 :15 :30 :45
12 PM :00 :15 :30 :45	12 PM :00 :15 :30 :45	12 PM :00 :15 :30 :45	12 PM :00 :15 :30 :45
1 PM :00 :15 :30 :45	1 PM :00 :15 :30 :45	1 PM :00 :15 :30 :45	1 PM :00 :15 :30 :45
2 PM :00 :15 :30 :45	2 PM :00 :15 :30 :45	2 PM :00 :15 :30 :45	2 PM :00 :15 :30 :45
3 PM :00 :15 :30 :45	3 PM :00 :15 :30 :45	3 PM :00 :15 :30 :45	3 PM :00 :15 :30 :45
4 PM :00 :15 :30 :45	4 PM :00 :15 :30 :45	4 PM :00 :15 :30 :45	4 PM :00 :15 :30 :45
5 PM :00 :15 :30 :45	5 PM :00 :15 :30 :45	5 PM :00 :15 :30 :45	5 PM :00 :15 :30 :45
6 PM :00 :15 :30 :45	6 PM :00 :15 :30 :45	6 PM :00 :15 :30 :45	6 PM :00 :15 :30 :45
7 PM :00 :15 :30 :45	7 PM :00 :15 :30 :45	7 PM :00 :15 :30 :45	7 PM :00 :15 :30 :45
8 PM :00 :15 :30 :45	8 PM :00 :15 :30 :45	8 PM :00 :15 :30 :45	8 PM :00 :15 :30 :45
9 PM :00 :15 :30 :45	9 PM :00 :15 :30 :45	9 PM :00 :15 :30 :45	9 PM :00 :15 :30 :45

Time	FRIDAY	SATURDAY	SUNDAY
7 AM :00			
:15			
:30			
:45			
8 AM :00			
:15			
:30			
:45			
9 AM :00			
:15			
:30			
:45			
10 AM :00			
:15			
:30			
:45			
11 AM :00			
:15			
:30			
:45			
12 PM :00			
:15			
:30			
:45			
1 PM :00			
:15			
:30			
:45			
2 PM :00			
:15			
:30			
:45			
3 PM :00			
:15			
:30			
:45			
4 PM :00			
:15			
:30			
:45			
5 PM :00			
:15			
:30			
:45			
6 PM :00			
:15			
:30			
:45			
7 PM :00			
:15			
:30			
:45			
8 PM :00			
:15			
:30			
:45			
9 PM :00			
:15			
:30			
:45			

MONTH / YEAR

MONDAY		TUESDAY		WEDNESDAY		THURSDAY	
:00		:00		:00		:00	
7 :15		7 :15		7 :15		7 :15	
AM :30		AM :30		AM :30		AM :30	
:45		:45		:45		:45	
:00		:00		:00		:00	
8 :15		8 :15		8 :15		8 :15	
AM :30		AM :30		AM :30		AM :30	
:45		:45		:45		:45	
:00		:00		:00		:00	
9 :15		9 :15		9 :15		9 :15	
AM :30		AM :30		AM :30		AM :30	
:45		:45		:45		:45	
:00		:00		:00		:00	
10 :15		10 :15		10 :15		10 :15	
AM :30		AM :30		AM :30		AM :30	
:45		:45		:45		:45	
:00		:00		:00		:00	
11 :15		11 :15		11 :15		11 :15	
AM :30		AM :30		AM :30		AM :30	
:45		:45		:45		:45	
:00		:00		:00		:00	
12 :15		12 :15		12 :15		12 :15	
PM :30		PM :30		PM :30		PM :30	
:45		:45		:45		:45	
:00		:00		:00		:00	
1 :15		1 :15		1 :15		1 :15	
PM :30		PM :30		PM :30		PM :30	
:45		:45		:45		:45	
:00		:00		:00		:00	
2 :15		2 :15		2 :15		2 :15	
PM :30		PM :30		PM :30		PM :30	
:45		:45		:45		:45	
:00		:00		:00		:00	
3 :15		3 :15		3 :15		3 :15	
PM :30		PM :30		PM :30		PM :30	
:45		:45		:45		:45	
:00		:00		:00		:00	
4 :15		4 :15		4 :15		4 :15	
PM :30		PM :30		PM :30		PM :30	
:45		:45		:45		:45	
:00		:00		:00		:00	
5 :15		5 :15		5 :15		5 :15	
PM :30		PM :30		PM :30		PM :30	
:45		:45		:45		:45	
:00		:00		:00		:00	
6 :15		6 :15		6 :15		6 :15	
PM :30		PM :30		PM :30		PM :30	
:45		:45		:45		:45	
:00		:00		:00		:00	
7 :15		7 :15		7 :15		7 :15	
PM :30		PM :30		PM :30		PM :30	
:45		:45		:45		:45	
:00		:00		:00		:00	
8 :15		8 :15		8 :15		8 :15	
PM :30		PM :30		PM :30		PM :30	
:45		:45		:45		:45	
:00		:00		:00		:00	
9 :15		9 :15		9 :15		9 :15	
PM :30		PM :30		PM :30		PM :30	
:45		:45		:45		:45	

FRIDAY		SATURDAY		SUNDAY	
:00		:00		:00	
7 :15		7 :15		7 :15	
AM :30		AM :30		AM :30	
:45		:45		:45	
:00		:00		:00	
8 :15		8 :15		8 :15	
AM :30		AM :30		AM :30	
:45		:45		:45	
:00		:00		:00	
9 :15		9 :15		9 :15	
AM :30		AM :30		AM :30	
:45		:45		:45	
:00		:00		:00	
10 :15		10 :15		10 :15	
AM :30		AM :30		AM :30	
:45		:45		:45	
:00		:00		:00	
11 :15		11 :15		11 :15	
AM :30		AM :30		AM :30	
:45		:45		:45	
:00		:00		:00	
12 :15		12 :15		12 :15	
PM :30		PM :30		PM :30	
:45		:45		:45	
:00		:00		:00	
1 :15		1 :15		1 :15	
PM :30		PM :30		PM :30	
:45		:45		:45	
:00		:00		:00	
2 :15		2 :15		2 :15	
PM :30		PM :30		PM :30	
:45		:45		:45	
:00		:00		:00	
3 :15		3 :15		3 :15	
PM :30		PM :30		PM :30	
:45		:45		:45	
:00		:00		:00	
4 :15		4 :15		4 :15	
PM :30		PM :30		PM :30	
:45		:45		:45	
:00		:00		:00	
5 :15		5 :15		5 :15	
PM :30		PM :30		PM :30	
:45		:45		:45	
:00		:00		:00	
6 :15		6 :15		6 :15	
PM :30		PM :30		PM :30	
:45		:45		:45	
:00		:00		:00	
7 :15		7 :15		7 :15	
PM :30		PM :30		PM :30	
:45		:45		:45	
:00		:00		:00	
8 :15		8 :15		8 :15	
PM :30		PM :30		PM :30	
:45		:45		:45	
:00		:00		:00	
9 :15		9 :15		9 :15	
PM :30		PM :30		PM :30	
:45		:45		:45	

MONTH / YEAR

MONDAY		TUESDAY		WEDNESDAY		THURSDAY	
:00		:00		:00		:00	
7 :15		7 :15		7 :15		7 :15	
AM :30		AM :30		AM :30		AM :30	
:45		:45		:45		:45	
:00		:00		:00		:00	
8 :15		8 :15		8 :15		8 :15	
AM :30		AM :30		AM :30		AM :30	
:45		:45		:45		:45	
:00		:00		:00		:00	
9 :15		9 :15		9 :15		9 :15	
AM :30		AM :30		AM :30		AM :30	
:45		:45		:45		:45	
:00		:00		:00		:00	
10 :15		10 :15		10 :15		10 :15	
AM :30		AM :30		AM :30		AM :30	
:45		:45		:45		:45	
:00		:00		:00		:00	
11 :15		11 :15		11 :15		11 :15	
AM :30		AM :30		AM :30		AM :30	
:45		:45		:45		:45	
:00		:00		:00		:00	
12 :15		12 :15		12 :15		12 :15	
PM :30		PM :30		PM :30		PM :30	
:45		:45		:45		:45	
:00		:00		:00		:00	
1 :15		1 :15		1 :15		1 :15	
PM :30		PM :30		PM :30		PM :30	
:45		:45		:45		:45	
:00		:00		:00		:00	
2 :15		2 :15		2 :15		2 :15	
PM :30		PM :30		PM :30		PM :30	
:45		:45		:45		:45	
:00		:00		:00		:00	
3 :15		3 :15		3 :15		3 :15	
PM :30		PM :30		PM :30		PM :30	
:45		:45		:45		:45	
:00		:00		:00		:00	
4 :15		4 :15		4 :15		4 :15	
PM :30		PM :30		PM :30		PM :30	
:45		:45		:45		:45	
:00		:00		:00		:00	
5 :15		5 :15		5 :15		5 :15	
PM :30		PM :30		PM :30		PM :30	
:45		:45		:45		:45	
:00		:00		:00		:00	
6 :15		6 :15		6 :15		6 :15	
PM :30		PM :30		PM :30		PM :30	
:45		:45		:45		:45	
:00		:00		:00		:00	
7 :15		7 :15		7 :15		7 :15	
PM :30		PM :30		PM :30		PM :30	
:45		:45		:45		:45	
:00		:00		:00		:00	
8 :15		8 :15		8 :15		8 :15	
PM :30		PM :30		PM :30		PM :30	
:45		:45		:45		:45	
:00		:00		:00		:00	
9 :15		9 :15		9 :15		9 :15	
PM :30		PM :30		PM :30		PM :30	
:45		:45		:45		:45	

FRIDAY		SATURDAY		SUNDAY	
7 AM :00 :15 :30 :45		7 AM :00 :15 :30 :45		7 AM :00 :15 :30 :45	
8 AM :00 :15 :30 :45		8 AM :00 :15 :30 :45		8 AM :00 :15 :30 :45	
9 AM :00 :15 :30 :45		9 AM :00 :15 :30 :45		9 AM :00 :15 :30 :45	
10 AM :00 :15 :30 :45		10 AM :00 :15 :30 :45		10 AM :00 :15 :30 :45	
11 AM :00 :15 :30 :45		11 AM :00 :15 :30 :45		11 AM :00 :15 :30 :45	
12 PM :00 :15 :30 :45		12 PM :00 :15 :30 :45		12 PM :00 :15 :30 :45	
1 PM :00 :15 :30 :45		1 PM :00 :15 :30 :45		1 PM :00 :15 :30 :45	
2 PM :00 :15 :30 :45		2 PM :00 :15 :30 :45		2 PM :00 :15 :30 :45	
3 PM :00 :15 :30 :45		3 PM :00 :15 :30 :45		3 PM :00 :15 :30 :45	
4 PM :00 :15 :30 :45		4 PM :00 :15 :30 :45		4 PM :00 :15 :30 :45	
5 PM :00 :15 :30 :45		5 PM :00 :15 :30 :45		5 PM :00 :15 :30 :45	
6 PM :00 :15 :30 :45		6 PM :00 :15 :30 :45		6 PM :00 :15 :30 :45	
7 PM :00 :15 :30 :45		7 PM :00 :15 :30 :45		7 PM :00 :15 :30 :45	
8 PM :00 :15 :30 :45		8 PM :00 :15 :30 :45		8 PM :00 :15 :30 :45	
9 PM :00 :15 :30 :45		9 PM :00 :15 :30 :45		9 PM :00 :15 :30 :45	

MONTH / YEAR

MONDAY	TUESDAY	WEDNESDAY	THURSDAY
7 AM :00 :15 :30 :45	7 AM :00 :15 :30 :45	7 AM :00 :15 :30 :45	7 AM :00 :15 :30 :45
8 AM :00 :15 :30 :45	8 AM :00 :15 :30 :45	8 AM :00 :15 :30 :45	8 AM :00 :15 :30 :45
9 AM :00 :15 :30 :45	9 AM :00 :15 :30 :45	9 AM :00 :15 :30 :45	9 AM :00 :15 :30 :45
10 AM :00 :15 :30 :45	10 AM :00 :15 :30 :45	10 AM :00 :15 :30 :45	10 AM :00 :15 :30 :45
11 AM :00 :15 :30 :45	11 AM :00 :15 :30 :45	11 AM :00 :15 :30 :45	11 AM :00 :15 :30 :45
12 PM :00 :15 :30 :45	12 PM :00 :15 :30 :45	12 PM :00 :15 :30 :45	12 PM :00 :15 :30 :45
1 PM :00 :15 :30 :45	1 PM :00 :15 :30 :45	1 PM :00 :15 :30 :45	1 PM :00 :15 :30 :45
2 PM :00 :15 :30 :45	2 PM :00 :15 :30 :45	2 PM :00 :15 :30 :45	2 PM :00 :15 :30 :45
3 PM :00 :15 :30 :45	3 PM :00 :15 :30 :45	3 PM :00 :15 :30 :45	3 PM :00 :15 :30 :45
4 PM :00 :15 :30 :45	4 PM :00 :15 :30 :45	4 PM :00 :15 :30 :45	4 PM :00 :15 :30 :45
5 PM :00 :15 :30 :45	5 PM :00 :15 :30 :45	5 PM :00 :15 :30 :45	5 PM :00 :15 :30 :45
6 PM :00 :15 :30 :45	6 PM :00 :15 :30 :45	6 PM :00 :15 :30 :45	6 PM :00 :15 :30 :45
7 PM :00 :15 :30 :45	7 PM :00 :15 :30 :45	7 PM :00 :15 :30 :45	7 PM :00 :15 :30 :45
8 PM :00 :15 :30 :45	8 PM :00 :15 :30 :45	8 PM :00 :15 :30 :45	8 PM :00 :15 :30 :45
9 PM :00 :15 :30 :45	9 PM :00 :15 :30 :45	9 PM :00 :15 :30 :45	9 PM :00 :15 :30 :45

FRIDAY		SATURDAY		SUNDAY	
7 AM	:00 :15 :30 :45	7 AM	:00 :15 :30 :45	7 AM	:00 :15 :30 :45
8 AM	:00 :15 :30 :45	8 AM	:00 :15 :30 :45	8 AM	:00 :15 :30 :45
9 AM	:00 :15 :30 :45	9 AM	:00 :15 :30 :45	9 AM	:00 :15 :30 :45
10 AM	:00 :15 :30 :45	10 AM	:00 :15 :30 :45	10 AM	:00 :15 :30 :45
11 AM	:00 :15 :30 :45	11 AM	:00 :15 :30 :45	11 AM	:00 :15 :30 :45
12 PM	:00 :15 :30 :45	12 PM	:00 :15 :30 :45	12 PM	:00 :15 :30 :45
1 PM	:00 :15 :30 :45	1 PM	:00 :15 :30 :45	1 PM	:00 :15 :30 :45
2 PM	:00 :15 :30 :45	2 PM	:00 :15 :30 :45	2 PM	:00 :15 :30 :45
3 PM	:00 :15 :30 :45	3 PM	:00 :15 :30 :45	3 PM	:00 :15 :30 :45
4 PM	:00 :15 :30 :45	4 PM	:00 :15 :30 :45	4 PM	:00 :15 :30 :45
5 PM	:00 :15 :30 :45	5 PM	:00 :15 :30 :45	5 PM	:00 :15 :30 :45
6 PM	:00 :15 :30 :45	6 PM	:00 :15 :30 :45	6 PM	:00 :15 :30 :45
7 PM	:00 :15 :30 :45	7 PM	:00 :15 :30 :45	7 PM	:00 :15 :30 :45
8 PM	:00 :15 :30 :45	8 PM	:00 :15 :30 :45	8 PM	:00 :15 :30 :45
9 PM	:00 :15 :30 :45	9 PM	:00 :15 :30 :45	9 PM	:00 :15 :30 :45

MONTH / YEAR

MONDAY		TUESDAY		WEDNESDAY		THURSDAY	
7 AM :00 :15 :30 :45		7 AM :00 :15 :30 :45		7 AM :00 :15 :30 :45		7 AM :00 :15 :30 :45	
8 AM :00 :15 :30 :45		8 AM :00 :15 :30 :45		8 AM :00 :15 :30 :45		8 AM :00 :15 :30 :45	
9 AM :00 :15 :30 :45		9 AM :00 :15 :30 :45		9 AM :00 :15 :30 :45		9 AM :00 :15 :30 :45	
10 AM :00 :15 :30 :45		10 AM :00 :15 :30 :45		10 AM :00 :15 :30 :45		10 AM :00 :15 :30 :45	
11 AM :00 :15 :30 :45		11 AM :00 :15 :30 :45		11 AM :00 :15 :30 :45		11 AM :00 :15 :30 :45	
12 PM :00 :15 :30 :45		12 PM :00 :15 :30 :45		12 PM :00 :15 :30 :45		12 PM :00 :15 :30 :45	
1 PM :00 :15 :30 :45		1 PM :00 :15 :30 :45		1 PM :00 :15 :30 :45		1 PM :00 :15 :30 :45	
2 PM :00 :15 :30 :45		2 PM :00 :15 :30 :45		2 PM :00 :15 :30 :45		2 PM :00 :15 :30 :45	
3 PM :00 :15 :30 :45		3 PM :00 :15 :30 :45		3 PM :00 :15 :30 :45		3 PM :00 :15 :30 :45	
4 PM :00 :15 :30 :45		4 PM :00 :15 :30 :45		4 PM :00 :15 :30 :45		4 PM :00 :15 :30 :45	
5 PM :00 :15 :30 :45		5 PM :00 :15 :30 :45		5 PM :00 :15 :30 :45		5 PM :00 :15 :30 :45	
6 PM :00 :15 :30 :45		6 PM :00 :15 :30 :45		6 PM :00 :15 :30 :45		6 PM :00 :15 :30 :45	
7 PM :00 :15 :30 :45		7 PM :00 :15 :30 :45		7 PM :00 :15 :30 :45		7 PM :00 :15 :30 :45	
8 PM :00 :15 :30 :45		8 PM :00 :15 :30 :45		8 PM :00 :15 :30 :45		8 PM :00 :15 :30 :45	
9 PM :00 :15 :30 :45		9 PM :00 :15 :30 :45		9 PM :00 :15 :30 :45		9 PM :00 :15 :30 :45	

FRIDAY		SATURDAY		SUNDAY	
:00		:00		:00	
7 :15		7 :15		7 :15	
AM :30		AM :30		AM :30	
:45		:45		:45	
:00		:00		:00	
8 :15		8 :15		8 :15	
AM :30		AM :30		AM :30	
:45		:45		:45	
:00		:00		:00	
9 :15		9 :15		9 :15	
AM :30		AM :30		AM :30	
:45		:45		:45	
:00		:00		:00	
10 :15		10 :15		10 :15	
AM :30		AM :30		AM :30	
:45		:45		:45	
:00		:00		:00	
11 :15		11 :15		11 :15	
AM :30		AM :30		AM :30	
:45		:45		:45	
:00		:00		:00	
12 :15		12 :15		12 :15	
PM :30		PM :30		PM :30	
:45		:45		:45	
:00		:00		:00	
1 :15		1 :15		1 :15	
PM :30		PM :30		PM :30	
:45		:45		:45	
:00		:00		:00	
2 :15		2 :15		2 :15	
PM :30		PM :30		PM :30	
:45		:45		:45	
:00		:00		:00	
3 :15		3 :15		3 :15	
PM :30		PM :30		PM :30	
:45		:45		:45	
:00		:00		:00	
4 :15		4 :15		4 :15	
PM :30		PM :30		PM :30	
:45		:45		:45	
:00		:00		:00	
5 :15		5 :15		5 :15	
PM :30		PM :30		PM :30	
:45		:45		:45	
:00		:00		:00	
6 :15		6 :15		6 :15	
PM :30		PM :30		PM :30	
:45		:45		:45	
:00		:00		:00	
7 :15		7 :15		7 :15	
PM :30		PM :30		PM :30	
:45		:45		:45	
:00		:00		:00	
8 :15		8 :15		8 :15	
PM :30		PM :30		PM :30	
:45		:45		:45	
:00		:00		:00	
9 :15		9 :15		9 :15	
PM :30		PM :30		PM :30	
:45		:45		:45	

MONTH / YEAR

MONDAY		TUESDAY		WEDNESDAY		THURSDAY	
7 AM :00 :15 :30 :45		7 AM :00 :15 :30 :45		7 AM :00 :15 :30 :45		7 AM :00 :15 :30 :45	
8 AM :00 :15 :30 :45		8 AM :00 :15 :30 :45		8 AM :00 :15 :30 :45		8 AM :00 :15 :30 :45	
9 AM :00 :15 :30 :45		9 AM :00 :15 :30 :45		9 AM :00 :15 :30 :45		9 AM :00 :15 :30 :45	
10 AM :00 :15 :30 :45		10 AM :00 :15 :30 :45		10 AM :00 :15 :30 :45		10 AM :00 :15 :30 :45	
11 AM :00 :15 :30 :45		11 AM :00 :15 :30 :45		11 AM :00 :15 :30 :45		11 AM :00 :15 :30 :45	
12 PM :00 :15 :30 :45		12 PM :00 :15 :30 :45		12 PM :00 :15 :30 :45		12 PM :00 :15 :30 :45	
1 PM :00 :15 :30 :45		1 PM :00 :15 :30 :45		1 PM :00 :15 :30 :45		1 PM :00 :15 :30 :45	
2 PM :00 :15 :30 :45		2 PM :00 :15 :30 :45		2 PM :00 :15 :30 :45		2 PM :00 :15 :30 :45	
3 PM :00 :15 :30 :45		3 PM :00 :15 :30 :45		3 PM :00 :15 :30 :45		3 PM :00 :15 :30 :45	
4 PM :00 :15 :30 :45		4 PM :00 :15 :30 :45		4 PM :00 :15 :30 :45		4 PM :00 :15 :30 :45	
5 PM :00 :15 :30 :45		5 PM :00 :15 :30 :45		5 PM :00 :15 :30 :45		5 PM :00 :15 :30 :45	
6 PM :00 :15 :30 :45		6 PM :00 :15 :30 :45		6 PM :00 :15 :30 :45		6 PM :00 :15 :30 :45	
7 PM :00 :15 :30 :45		7 PM :00 :15 :30 :45		7 PM :00 :15 :30 :45		7 PM :00 :15 :30 :45	
8 PM :00 :15 :30 :45		8 PM :00 :15 :30 :45		8 PM :00 :15 :30 :45		8 PM :00 :15 :30 :45	
9 PM :00 :15 :30 :45		9 PM :00 :15 :30 :45		9 PM :00 :15 :30 :45		9 PM :00 :15 :30 :45	

FRIDAY		SATURDAY		SUNDAY	
:00		:00		:00	
7 :15		7 :15		7 :15	
AM :30		AM :30		AM :30	
:45		:45		:45	
:00		:00		:00	
8 :15		8 :15		8 :15	
AM :30		AM :30		AM :30	
:45		:45		:45	
:00		:00		:00	
9 :15		9 :15		9 :15	
AM :30		AM :30		AM :30	
:45		:45		:45	
:00		:00		:00	
10 :15		10 :15		10 :15	
AM :30		AM :30		AM :30	
:45		:45		:45	
:00		:00		:00	
11 :15		11 :15		11 :15	
AM :30		AM :30		AM :30	
:45		:45		:45	
:00		:00		:00	
12 :15		12 :15		12 :15	
PM :30		PM :30		PM :30	
:45		:45		:45	
:00		:00		:00	
1 :15		1 :15		1 :15	
PM :30		PM :30		PM :30	
:45		:45		:45	
:00		:00		:00	
2 :15		2 :15		2 :15	
PM :30		PM :30		PM :30	
:45		:45		:45	
:00		:00		:00	
3 :15		3 :15		3 :15	
PM :30		PM :30		PM :30	
:45		:45		:45	
:00		:00		:00	
4 :15		4 :15		4 :15	
PM :30		PM :30		PM :30	
:45		:45		:45	
:00		:00		:00	
5 :15		5 :15		5 :15	
PM :30		PM :30		PM :30	
:45		:45		:45	
:00		:00		:00	
6 :15		6 :15		6 :15	
PM :30		PM :30		PM :30	
:45		:45		:45	
:00		:00		:00	
7 :15		7 :15		7 :15	
PM :30		PM :30		PM :30	
:45		:45		:45	
:00		:00		:00	
8 :15		8 :15		8 :15	
PM :30		PM :30		PM :30	
:45		:45		:45	
:00		:00		:00	
9 :15		9 :15		9 :15	
PM :30		PM :30		PM :30	
:45		:45		:45	

MONTH / YEAR

MONDAY		TUESDAY		WEDNESDAY		THURSDAY	
7 AM :00		7 AM :00		7 AM :00		7 AM :00	
:15		:15		:15		:15	
:30		:30		:30		:30	
:45		:45		:45		:45	
8 AM :00		8 AM :00		8 AM :00		8 AM :00	
:15		:15		:15		:15	
:30		:30		:30		:30	
:45		:45		:45		:45	
9 AM :00		9 AM :00		9 AM :00		9 AM :00	
:15		:15		:15		:15	
:30		:30		:30		:30	
:45		:45		:45		:45	
10 AM :00		10 AM :00		10 AM :00		10 AM :00	
:15		:15		:15		:15	
:30		:30		:30		:30	
:45		:45		:45		:45	
11 AM :00		11 AM :00		11 AM :00		11 AM :00	
:15		:15		:15		:15	
:30		:30		:30		:30	
:45		:45		:45		:45	
12 PM :00		12 PM :00		12 PM :00		12 PM :00	
:15		:15		:15		:15	
:30		:30		:30		:30	
:45		:45		:45		:45	
1 PM :00		1 PM :00		1 PM :00		1 PM :00	
:15		:15		:15		:15	
:30		:30		:30		:30	
:45		:45		:45		:45	
2 PM :00		2 PM :00		2 PM :00		2 PM :00	
:15		:15		:15		:15	
:30		:30		:30		:30	
:45		:45		:45		:45	
3 PM :00		3 PM :00		3 PM :00		3 PM :00	
:15		:15		:15		:15	
:30		:30		:30		:30	
:45		:45		:45		:45	
4 PM :00		4 PM :00		4 PM :00		4 PM :00	
:15		:15		:15		:15	
:30		:30		:30		:30	
:45		:45		:45		:45	
5 PM :00		5 PM :00		5 PM :00		5 PM :00	
:15		:15		:15		:15	
:30		:30		:30		:30	
:45		:45		:45		:45	
6 PM :00		6 PM :00		6 PM :00		6 PM :00	
:15		:15		:15		:15	
:30		:30		:30		:30	
:45		:45		:45		:45	
7 PM :00		7 PM :00		7 PM :00		7 PM :00	
:15		:15		:15		:15	
:30		:30		:30		:30	
:45		:45		:45		:45	
8 PM :00		8 PM :00		8 PM :00		8 PM :00	
:15		:15		:15		:15	
:30		:30		:30		:30	
:45		:45		:45		:45	
9 PM :00		9 PM :00		9 PM :00		9 PM :00	
:15		:15		:15		:15	
:30		:30		:30		:30	
:45		:45		:45		:45	

FRIDAY		SATURDAY		SUNDAY		MONTH / YEAR
:00		:00		:00		
7 :15		7 :15		7 :15		
AM :30		AM :30		AM :30		
:45		:45		:45		
:00		:00		:00		
8 :15		8 :15		8 :15		
AM :30		AM :30		AM :30		
:45		:45		:45		
:00		:00		:00		
9 :15		9 :15		9 :15		
AM :30		AM :30		AM :30		
:45		:45		:45		
:00		:00		:00		
10 :15		10 :15		10 :15		
AM :30		AM :30		AM :30		
:45		:45		:45		
:00		:00		:00		
11 :15		11 :15		11 :15		
AM :30		AM :30		AM :30		
:45		:45		:45		
:00		:00		:00		
12 :15		12 :15		12 :15		
PM :30		PM :30		PM :30		
:45		:45		:45		
:00		:00		:00		
1 :15		1 :15		1 :15		
PM :30		PM :30		PM :30		
:45		:45		:45		
:00		:00		:00		
2 :15		2 :15		2 :15		
PM :30		PM :30		PM :30		
:45		:45		:45		
:00		:00		:00		
3 :15		3 :15		3 :15		
PM :30		PM :30		PM :30		
:45		:45		:45		
:00		:00		:00		
4 :15		4 :15		4 :15		
PM :30		PM :30		PM :30		
:45		:45		:45		
:00		:00		:00		
5 :15		5 :15		5 :15		
PM :30		PM :30		PM :30		
:45		:45		:45		
:00		:00		:00		
6 :15		6 :15		6 :15		
PM :30		PM :30		PM :30		
:45		:45		:45		
:00		:00		:00		
7 :15		7 :15		7 :15		
PM :30		PM :30		PM :30		
:45		:45		:45		
:00		:00		:00		
8 :15		8 :15		8 :15		
PM :30		PM :30		PM :30		
:45		:45		:45		
:00		:00		:00		
9 :15		9 :15		9 :15		
PM :30		PM :30		PM :30		
:45		:45		:45		

MONDAY		TUESDAY		WEDNESDAY		THURSDAY	
:00		:00		:00		:00	
7 :15		7 :15		7 :15		7 :15	
AM :30		AM :30		AM :30		AM :30	
:45		:45		:45		:45	
:00		:00		:00		:00	
8 :15		8 :15		8 :15		8 :15	
AM :30		AM :30		AM :30		AM :30	
:45		:45		:45		:45	
:00		:00		:00		:00	
9 :15		9 :15		9 :15		9 :15	
AM :30		AM :30		AM :30		AM :30	
:45		:45		:45		:45	
:00		:00		:00		:00	
10 :15		10 :15		10 :15		10 :15	
AM :30		AM :30		AM :30		AM :30	
:45		:45		:45		:45	
:00		:00		:00		:00	
11 :15		11 :15		11 :15		11 :15	
AM :30		AM :30		AM :30		AM :30	
:45		:45		:45		:45	
:00		:00		:00		:00	
12 :15		12 :15		12 :15		12 :15	
PM :30		PM :30		PM :30		PM :30	
:45		:45		:45		:45	
:00		:00		:00		:00	
1 :15		1 :15		1 :15		1 :15	
PM :30		PM :30		PM :30		PM :30	
:45		:45		:45		:45	
:00		:00		:00		:00	
2 :15		2 :15		2 :15		2 :15	
PM :30		PM :30		PM :30		PM :30	
:45		:45		:45		:45	
:00		:00		:00		:00	
3 :15		3 :15		3 :15		3 :15	
PM :30		PM :30		PM :30		PM :30	
:45		:45		:45		:45	
:00		:00		:00		:00	
4 :15		4 :15		4 :15		4 :15	
PM :30		PM :30		PM :30		PM :30	
:45		:45		:45		:45	
:00		:00		:00		:00	
5 :15		5 :15		5 :15		5 :15	
PM :30		PM :30		PM :30		PM :30	
:45		:45		:45		:45	
:00		:00		:00		:00	
6 :15		6 :15		6 :15		6 :15	
PM :30		PM :30		PM :30		PM :30	
:45		:45		:45		:45	
:00		:00		:00		:00	
7 :15		7 :15		7 :15		7 :15	
PM :30		PM :30		PM :30		PM :30	
:45		:45		:45		:45	
:00		:00		:00		:00	
8 :15		8 :15		8 :15		8 :15	
PM :30		PM :30		PM :30		PM :30	
:45		:45		:45		:45	
:00		:00		:00		:00	
9 :15		9 :15		9 :15		9 :15	
PM :30		PM :30		PM :30		PM :30	
:45		:45		:45		:45	

MONTH / YEAR

FRIDAY		SATURDAY		SUNDAY	
7 AM :00		7 AM :00		7 AM :00	
:15		:15		:15	
:30		:30		:30	
:45		:45		:45	
8 AM :00		8 AM :00		8 AM :00	
:15		:15		:15	
:30		:30		:30	
:45		:45		:45	
9 AM :00		9 AM :00		9 AM :00	
:15		:15		:15	
:30		:30		:30	
:45		:45		:45	
10 AM :00		10 AM :00		10 AM :00	
:15		:15		:15	
:30		:30		:30	
:45		:45		:45	
11 AM :00		11 AM :00		11 AM :00	
:15		:15		:15	
:30		:30		:30	
:45		:45		:45	
12 PM :00		12 PM :00		12 PM :00	
:15		:15		:15	
:30		:30		:30	
:45		:45		:45	
1 PM :00		1 PM :00		1 PM :00	
:15		:15		:15	
:30		:30		:30	
:45		:45		:45	
2 PM :00		2 PM :00		2 PM :00	
:15		:15		:15	
:30		:30		:30	
:45		:45		:45	
3 PM :00		3 PM :00		3 PM :00	
:15		:15		:15	
:30		:30		:30	
:45		:45		:45	
4 PM :00		4 PM :00		4 PM :00	
:15		:15		:15	
:30		:30		:30	
:45		:45		:45	
5 PM :00		5 PM :00		5 PM :00	
:15		:15		:15	
:30		:30		:30	
:45		:45		:45	
6 PM :00		6 PM :00		6 PM :00	
:15		:15		:15	
:30		:30		:30	
:45		:45		:45	
7 PM :00		7 PM :00		7 PM :00	
:15		:15		:15	
:30		:30		:30	
:45		:45		:45	
8 PM :00		8 PM :00		8 PM :00	
:15		:15		:15	
:30		:30		:30	
:45		:45		:45	
9 PM :00		9 PM :00		9 PM :00	
:15		:15		:15	
:30		:30		:30	
:45		:45		:45	

MONDAY	TUESDAY	WEDNESDAY	THURSDAY
7 AM :00 :15 :30 :45	7 AM :00 :15 :30 :45	7 AM :00 :15 :30 :45	7 AM :00 :15 :30 :45
8 AM :00 :15 :30 :45	8 AM :00 :15 :30 :45	8 AM :00 :15 :30 :45	8 AM :00 :15 :30 :45
9 AM :00 :15 :30 :45	9 AM :00 :15 :30 :45	9 AM :00 :15 :30 :45	9 AM :00 :15 :30 :45
10 AM :00 :15 :30 :45	10 AM :00 :15 :30 :45	10 AM :00 :15 :30 :45	10 AM :00 :15 :30 :45
11 AM :00 :15 :30 :45	11 AM :00 :15 :30 :45	11 AM :00 :15 :30 :45	11 AM :00 :15 :30 :45
12 PM :00 :15 :30 :45	12 PM :00 :15 :30 :45	12 PM :00 :15 :30 :45	12 PM :00 :15 :30 :45
1 PM :00 :15 :30 :45	1 PM :00 :15 :30 :45	1 PM :00 :15 :30 :45	1 PM :00 :15 :30 :45
2 PM :00 :15 :30 :45	2 PM :00 :15 :30 :45	2 PM :00 :15 :30 :45	2 PM :00 :15 :30 :45
3 PM :00 :15 :30 :45	3 PM :00 :15 :30 :45	3 PM :00 :15 :30 :45	3 PM :00 :15 :30 :45
4 PM :00 :15 :30 :45	4 PM :00 :15 :30 :45	4 PM :00 :15 :30 :45	4 PM :00 :15 :30 :45
5 PM :00 :15 :30 :45	5 PM :00 :15 :30 :45	5 PM :00 :15 :30 :45	5 PM :00 :15 :30 :45
6 PM :00 :15 :30 :45	6 PM :00 :15 :30 :45	6 PM :00 :15 :30 :45	6 PM :00 :15 :30 :45
7 PM :00 :15 :30 :45	7 PM :00 :15 :30 :45	7 PM :00 :15 :30 :45	7 PM :00 :15 :30 :45
8 PM :00 :15 :30 :45	8 PM :00 :15 :30 :45	8 PM :00 :15 :30 :45	8 PM :00 :15 :30 :45
9 PM :00 :15 :30 :45	9 PM :00 :15 :30 :45	9 PM :00 :15 :30 :45	9 PM :00 :15 :30 :45

FRIDAY		SATURDAY		SUNDAY		MONTH / YEAR
:00		:00		:00		
7 :15		7 :15		7 :15		
AM :30		AM :30		AM :30		
:45		:45		:45		
:00		:00		:00		
8 :15		8 :15		8 :15		
AM :30		AM :30		AM :30		
:45		:45		:45		
:00		:00		:00		
9 :15		9 :15		9 :15		
AM :30		AM :30		AM :30		
:45		:45		:45		
:00		:00		:00		
10 :15		10 :15		10 :15		
AM :30		AM :30		AM :30		
:45		:45		:45		
:00		:00		:00		
11 :15		11 :15		11 :15		
AM :30		AM :30		AM :30		
:45		:45		:45		
:00		:00		:00		
12 :15		12 :15		12 :15		
PM :30		PM :30		PM :30		
:45		:45		:45		
:00		:00		:00		
1 :15		1 :15		1 :15		
PM :30		PM :30		PM :30		
:45		:45		:45		
:00		:00		:00		
2 :15		2 :15		2 :15		
PM :30		PM :30		PM :30		
:45		:45		:45		
:00		:00		:00		
3 :15		3 :15		3 :15		
PM :30		PM :30		PM :30		
:45		:45		:45		
:00		:00		:00		
4 :15		4 :15		4 :15		
PM :30		PM :30		PM :30		
:45		:45		:45		
:00		:00		:00		
5 :15		5 :15		5 :15		
PM :30		PM :30		PM :30		
:45		:45		:45		
:00		:00		:00		
6 :15		6 :15		6 :15		
PM :30		PM :30		PM :30		
:45		:45		:45		
:00		:00		:00		
7 :15		7 :15		7 :15		
PM :30		PM :30		PM :30		
:45		:45		:45		
:00		:00		:00		
8 :15		8 :15		8 :15		
PM :30		PM :30		PM :30		
:45		:45		:45		
:00		:00		:00		
9 :15		9 :15		9 :15		
PM :30		PM :30		PM :30		
:45		:45		:45		

MONDAY		TUESDAY		WEDNESDAY		THURSDAY	
:00		:00		:00		:00	
7 :15		7 :15		7 :15		7 :15	
AM :30		AM :30		AM :30		AM :30	
:45		:45		:45		:45	
:00		:00		:00		:00	
8 :15		8 :15		8 :15		8 :15	
AM :30		AM :30		AM :30		AM :30	
:45		:45		:45		:45	
:00		:00		:00		:00	
9 :15		9 :15		9 :15		9 :15	
AM :30		AM :30		AM :30		AM :30	
:45		:45		:45		:45	
:00		:00		:00		:00	
10 :15		10 :15		10 :15		10 :15	
AM :30		AM :30		AM :30		AM :30	
:45		:45		:45		:45	
:00		:00		:00		:00	
11 :15		11 :15		11 :15		11 :15	
AM :30		AM :30		AM :30		AM :30	
:45		:45		:45		:45	
:00		:00		:00		:00	
12 :15		12 :15		12 :15		12 :15	
PM :30		PM :30		PM :30		PM :30	
:45		:45		:45		:45	
:00		:00		:00		:00	
1 :15		1 :15		1 :15		1 :15	
PM :30		PM :30		PM :30		PM :30	
:45		:45		:45		:45	
:00		:00		:00		:00	
2 :15		2 :15		2 :15		2 :15	
PM :30		PM :30		PM :30		PM :30	
:45		:45		:45		:45	
:00		:00		:00		:00	
3 :15		3 :15		3 :15		3 :15	
PM :30		PM :30		PM :30		PM :30	
:45		:45		:45		:45	
:00		:00		:00		:00	
4 :15		4 :15		4 :15		4 :15	
PM :30		PM :30		PM :30		PM :30	
:45		:45		:45		:45	
:00		:00		:00		:00	
5 :15		5 :15		5 :15		5 :15	
PM :30		PM :30		PM :30		PM :30	
:45		:45		:45		:45	
:00		:00		:00		:00	
6 :15		6 :15		6 :15		6 :15	
PM :30		PM :30		PM :30		PM :30	
:45		:45		:45		:45	
:00		:00		:00		:00	
7 :15		7 :15		7 :15		7 :15	
PM :30		PM :30		PM :30		PM :30	
:45		:45		:45		:45	
:00		:00		:00		:00	
8 :15		8 :15		8 :15		8 :15	
PM :30		PM :30		PM :30		PM :30	
:45		:45		:45		:45	
:00		:00		:00		:00	
9 :15		9 :15		9 :15		9 :15	
PM :30		PM :30		PM :30		PM :30	
:45		:45		:45		:45	

FRIDAY		SATURDAY		SUNDAY	
7 AM :00		7 AM :00		7 AM :00	
:15		:15		:15	
:30		:30		:30	
:45		:45		:45	
8 AM :00		8 AM :00		8 AM :00	
:15		:15		:15	
:30		:30		:30	
:45		:45		:45	
9 AM :00		9 AM :00		9 AM :00	
:15		:15		:15	
:30		:30		:30	
:45		:45		:45	
10 AM :00		10 AM :00		10 AM :00	
:15		:15		:15	
:30		:30		:30	
:45		:45		:45	
11 AM :00		11 AM :00		11 AM :00	
:15		:15		:15	
:30		:30		:30	
:45		:45		:45	
12 PM :00		12 PM :00		12 PM :00	
:15		:15		:15	
:30		:30		:30	
:45		:45		:45	
1 PM :00		1 PM :00		1 PM :00	
:15		:15		:15	
:30		:30		:30	
:45		:45		:45	
2 PM :00		2 PM :00		2 PM :00	
:15		:15		:15	
:30		:30		:30	
:45		:45		:45	
3 PM :00		3 PM :00		3 PM :00	
:15		:15		:15	
:30		:30		:30	
:45		:45		:45	
4 PM :00		4 PM :00		4 PM :00	
:15		:15		:15	
:30		:30		:30	
:45		:45		:45	
5 PM :00		5 PM :00		5 PM :00	
:15		:15		:15	
:30		:30		:30	
:45		:45		:45	
6 PM :00		6 PM :00		6 PM :00	
:15		:15		:15	
:30		:30		:30	
:45		:45		:45	
7 PM :00		7 PM :00		7 PM :00	
:15		:15		:15	
:30		:30		:30	
:45		:45		:45	
8 PM :00		8 PM :00		8 PM :00	
:15		:15		:15	
:30		:30		:30	
:45		:45		:45	
9 PM :00		9 PM :00		9 PM :00	
:15		:15		:15	
:30		:30		:30	
:45		:45		:45	

MONTH / YEAR

MONDAY		TUESDAY		WEDNESDAY		THURSDAY	
:00		:00		:00		:00	
7 :15		7 :15		7 :15		7 :15	
AM :30		AM :30		AM :30		AM :30	
:45		:45		:45		:45	
:00		:00		:00		:00	
8 :15		8 :15		8 :15		8 :15	
AM :30		AM :30		AM :30		AM :30	
:45		:45		:45		:45	
:00		:00		:00		:00	
9 :15		9 :15		9 :15		9 :15	
AM :30		AM :30		AM :30		AM :30	
:45		:45		:45		:45	
:00		:00		:00		:00	
10 :15		10 :15		10 :15		10 :15	
AM :30		AM :30		AM :30		AM :30	
:45		:45		:45		:45	
:00		:00		:00		:00	
11 :15		11 :15		11 :15		11 :15	
AM :30		AM :30		AM :30		AM :30	
:45		:45		:45		:45	
:00		:00		:00		:00	
12 :15		12 :15		12 :15		12 :15	
PM :30		PM :30		PM :30		PM :30	
:45		:45		:45		:45	
:00		:00		:00		:00	
1 :15		1 :15		1 :15		1 :15	
PM :30		PM :30		PM :30		PM :30	
:45		:45		:45		:45	
:00		:00		:00		:00	
2 :15		2 :15		2 :15		2 :15	
PM :30		PM :30		PM :30		PM :30	
:45		:45		:45		:45	
:00		:00		:00		:00	
3 :15		3 :15		3 :15		3 :15	
PM :30		PM :30		PM :30		PM :30	
:45		:45		:45		:45	
:00		:00		:00		:00	
4 :15		4 :15		4 :15		4 :15	
PM :30		PM :30		PM :30		PM :30	
:45		:45		:45		:45	
:00		:00		:00		:00	
5 :15		5 :15		5 :15		5 :15	
PM :30		PM :30		PM :30		PM :30	
:45		:45		:45		:45	
:00		:00		:00		:00	
6 :15		6 :15		6 :15		6 :15	
PM :30		PM :30		PM :30		PM :30	
:45		:45		:45		:45	
:00		:00		:00		:00	
7 :15		7 :15		7 :15		7 :15	
PM :30		PM :30		PM :30		PM :30	
:45		:45		:45		:45	
:00		:00		:00		:00	
8 :15		8 :15		8 :15		8 :15	
PM :30		PM :30		PM :30		PM :30	
:45		:45		:45		:45	
:00		:00		:00		:00	
9 :15		9 :15		9 :15		9 :15	
PM :30		PM :30		PM :30		PM :30	
:45		:45		:45		:45	

FRIDAY		SATURDAY		SUNDAY	
7 AM :00 :15 :30 :45		7 AM :00 :15 :30 :45		7 AM :00 :15 :30 :45	
8 AM :00 :15 :30 :45		8 AM :00 :15 :30 :45		8 AM :00 :15 :30 :45	
9 AM :00 :15 :30 :45		9 AM :00 :15 :30 :45		9 AM :00 :15 :30 :45	
10 AM :00 :15 :30 :45		10 AM :00 :15 :30 :45		10 AM :00 :15 :30 :45	
11 AM :00 :15 :30 :45		11 AM :00 :15 :30 :45		11 AM :00 :15 :30 :45	
12 PM :00 :15 :30 :45		12 PM :00 :15 :30 :45		12 PM :00 :15 :30 :45	
1 PM :00 :15 :30 :45		1 PM :00 :15 :30 :45		1 PM :00 :15 :30 :45	
2 PM :00 :15 :30 :45		2 PM :00 :15 :30 :45		2 PM :00 :15 :30 :45	
3 PM :00 :15 :30 :45		3 PM :00 :15 :30 :45		3 PM :00 :15 :30 :45	
4 PM :00 :15 :30 :45		4 PM :00 :15 :30 :45		4 PM :00 :15 :30 :45	
5 PM :00 :15 :30 :45		5 PM :00 :15 :30 :45		5 PM :00 :15 :30 :45	
6 PM :00 :15 :30 :45		6 PM :00 :15 :30 :45		6 PM :00 :15 :30 :45	
7 PM :00 :15 :30 :45		7 PM :00 :15 :30 :45		7 PM :00 :15 :30 :45	
8 PM :00 :15 :30 :45		8 PM :00 :15 :30 :45		8 PM :00 :15 :30 :45	
9 PM :00 :15 :30 :45		9 PM :00 :15 :30 :45		9 PM :00 :15 :30 :45	

MONTH / YEAR

MONDAY			TUESDAY			WEDNESDAY			THURSDAY		
	:00			:00			:00			:00	
7	:15		7	:15		7	:15		7	:15	
AM	:30		AM	:30		AM	:30		AM	:30	
	:45			:45			:45			:45	
	:00			:00			:00			:00	
8	:15		8	:15		8	:15		8	:15	
AM	:30		AM	:30		AM	:30		AM	:30	
	:45			:45			:45			:45	
	:00			:00			:00			:00	
9	:15		9	:15		9	:15		9	:15	
AM	:30		AM	:30		AM	:30		AM	:30	
	:45			:45			:45			:45	
	:00			:00			:00			:00	
10	:15		10	:15		10	:15		10	:15	
AM	:30		AM	:30		AM	:30		AM	:30	
	:45			:45			:45			:45	
	:00			:00			:00			:00	
11	:15		11	:15		11	:15		11	:15	
AM	:30		AM	:30		AM	:30		AM	:30	
	:45			:45			:45			:45	
	:00			:00			:00			:00	
12	:15		12	:15		12	:15		12	:15	
PM	:30		PM	:30		PM	:30		PM	:30	
	:45			:45			:45			:45	
	:00			:00			:00			:00	
1	:15		1	:15		1	:15		1	:15	
PM	:30		PM	:30		PM	:30		PM	:30	
	:45			:45			:45			:45	
	:00			:00			:00			:00	
2	:15		2	:15		2	:15		2	:15	
PM	:30		PM	:30		PM	:30		PM	:30	
	:45			:45			:45			:45	
	:00			:00			:00			:00	
3	:15		3	:15		3	:15		3	:15	
PM	:30		PM	:30		PM	:30		PM	:30	
	:45			:45			:45			:45	
	:00			:00			:00			:00	
4	:15		4	:15		4	:15		4	:15	
PM	:30		PM	:30		PM	:30		PM	:30	
	:45			:45			:45			:45	
	:00			:00			:00			:00	
5	:15		5	:15		5	:15		5	:15	
PM	:30		PM	:30		PM	:30		PM	:30	
	:45			:45			:45			:45	
	:00			:00			:00			:00	
6	:15		6	:15		6	:15		6	:15	
PM	:30		PM	:30		PM	:30		PM	:30	
	:45			:45			:45			:45	
	:00			:00			:00			:00	
7	:15		7	:15		7	:15		7	:15	
PM	:30		PM	:30		PM	:30		PM	:30	
	:45			:45			:45			:45	
	:00			:00			:00			:00	
8	:15		8	:15		8	:15		8	:15	
PM	:30		PM	:30		PM	:30		PM	:30	
	:45			:45			:45			:45	
	:00			:00			:00			:00	
9	:15		9	:15		9	:15		9	:15	
PM	:30		PM	:30		PM	:30		PM	:30	
	:45			:45			:45			:45	

FRIDAY		SATURDAY		SUNDAY		MONTH / YEAR
:00		:00		:00		
7 :15		7 :15		7 :15		
AM :30		AM :30		AM :30		
:45		:45		:45		
:00		:00		:00		
8 :15		8 :15		8 :15		
AM :30		AM :30		AM :30		
:45		:45		:45		
:00		:00		:00		
9 :15		9 :15		9 :15		
AM :30		AM :30		AM :30		
:45		:45		:45		
:00		:00		:00		
10 :15		10 :15		10 :15		
AM :30		AM :30		AM :30		
:45		:45		:45		
:00		:00		:00		
11 :15		11 :15		11 :15		
AM :30		AM :30		AM :30		
:45		:45		:45		
:00		:00		:00		
12 :15		12 :15		12 :15		
PM :30		PM :30		PM :30		
:45		:45		:45		
:00		:00		:00		
1 :15		1 :15		1 :15		
PM :30		PM :30		PM :30		
:45		:45		:45		
:00		:00		:00		
2 :15		2 :15		2 :15		
PM :30		PM :30		PM :30		
:45		:45		:45		
:00		:00		:00		
3 :15		3 :15		3 :15		
PM :30		PM :30		PM :30		
:45		:45		:45		
:00		:00		:00		
4 :15		4 :15		4 :15		
PM :30		PM :30		PM :30		
:45		:45		:45		
:00		:00		:00		
5 :15		5 :15		5 :15		
PM :30		PM :00		PM :30		
:45		:45		:45		
:00		:00		:00		
6 :15		6 :15		6 :15		
PM :30		PM :30		PM :30		
:45		:45		:45		
:00		:00		:00		
7 :15		7 :15		7 :15		
PM :30		PM :30		PM :30		
:45		:45		:45		
:00		:00		:00		
8 :15		8 :15		8 :15		
PM :30		PM :30		PM :30		
:45		:45		:45		
:00		:00		:00		
9 :15		9 :15		9 :15		
PM :30		PM :30		PM :30		
:45		:45		:45		

MONDAY		TUESDAY		WEDNESDAY		THURSDAY	
7 AM :00		7 AM :00		7 AM :00		7 AM :00	
:15		:15		:15		:15	
:30		:30		:30		:30	
:45		:45		:45		:45	
8 AM :00		8 AM :00		8 AM :00		8 AM :00	
:15		:15		:15		:15	
:30		:30		:30		:30	
:45		:45		:45		:45	
9 AM :00		9 AM :00		9 AM :00		9 AM :00	
:15		:15		:15		:15	
:30		:30		:30		:30	
:45		:45		:45		:45	
10 AM :00		10 AM :00		10 AM :00		10 AM :00	
:15		:15		:15		:15	
:30		:30		:30		:30	
:45		:45		:45		:45	
11 AM :00		11 AM :00		11 AM :00		11 AM :00	
:15		:15		:15		:15	
:30		:30		:30		:30	
:45		:45		:45		:45	
12 PM :00		12 PM :00		12 PM :00		12 PM :00	
:15		:15		:15		:15	
:30		:30		:30		:30	
:45		:45		:45		:45	
1 PM :00		1 PM :00		1 PM :00		1 PM :00	
:15		:15		:15		:15	
:30		:30		:30		:30	
:45		:45		:45		:45	
2 PM :00		2 PM :00		2 PM :00		2 PM :00	
:15		:15		:15		:15	
:30		:30		:30		:30	
:45		:45		:45		:45	
3 PM :00		3 PM :00		3 PM :00		3 PM :00	
:15		:15		:15		:15	
:30		:30		:30		:30	
:45		:45		:45		:45	
4 PM :00		4 PM :00		4 PM :00		4 PM :00	
:15		:15		:15		:15	
:30		:30		:30		:30	
:45		:45		:45		:45	
5 PM :00		5 PM :00		5 PM :00		5 PM :00	
:15		:15		:15		:15	
:30		:30		:30		:30	
:45		:45		:45		:45	
6 PM :00		6 PM :00		6 PM :00		6 PM :00	
:15		:15		:15		:15	
:30		:30		:30		:30	
:45		:45		:45		:45	
7 PM :00		7 PM :00		7 PM :00		7 PM :00	
:15		:15		:15		:15	
:30		:30		:30		:30	
:45		:45		:45		:45	
8 PM :00		8 PM :00		8 PM :00		8 PM :00	
:15		:15		:15		:15	
:30		:30		:30		:30	
:45		:45		:45		:45	
9 PM :00		9 PM :00		9 PM :00		9 PM :00	
:15		:15		:15		:15	
:30		:30		:30		:30	
:45		:45		:45		:45	

FRIDAY		SATURDAY		SUNDAY	
7 AM :00		7 AM :00		7 AM :00	
:15		:15		:15	
:30		:30		:30	
:45		:45		:45	
8 AM :00		8 AM :00		8 AM :00	
:15		:15		:15	
:30		:30		:30	
:45		:45		:45	
9 AM :00		9 AM :00		9 AM :00	
:15		:15		:15	
:30		:30		:30	
:45		:45		:45	
10 AM :00		10 AM :00		10 AM :00	
:15		:15		:15	
:30		:30		:30	
:45		:45		:45	
11 AM :00		11 AM :00		11 AM :00	
:15		:15		:15	
:30		:30		:30	
:45		:45		:45	
12 PM :00		12 PM :00		12 PM :00	
:15		:15		:15	
:30		:30		:30	
:45		:45		:45	
1 PM :00		1 PM :00		1 PM :00	
:15		:15		:15	
:30		:30		:30	
:45		:45		:45	
2 PM :00		2 PM :00		2 PM :00	
:15		:15		:15	
:30		:30		:30	
:45		:45		:45	
3 PM :00		3 PM :00		3 PM :00	
:15		:15		:15	
:30		:30		:30	
:45		:45		:45	
4 PM :00		4 PM :00		4 PM :00	
:15		:15		:15	
:30		:30		:30	
:45		:45		:45	
5 PM :00		5 PM :00		5 PM :00	
:15		:15		:15	
:30		:30		:30	
:45		:45		:45	
6 PM :00		6 PM :00		6 PM :00	
:15		:15		:15	
:30		:30		:30	
:45		:45		:45	
7 PM :00		7 PM :00		7 PM :00	
:15		:15		:15	
:30		:30		:30	
:45		:45		:45	
8 PM :00		8 PM :00		8 PM :00	
:15		:15		:15	
:30		:30		:30	
:45		:45		:45	
9 PM :00		9 PM :00		9 PM :00	
:15		:15		:15	
:30		:30		:30	
:45		:45		:45	

MONTH / YEAR

MONDAY NAME		TUESDAY		PHONE WEDNESDAY		EMAIL THURSDAY	
:00		:00		:00		:00	
7 :15		7 :15		7 :15		7 :15	
AM :30		AM :30		AM :30		AM :30	
:45		:45		:45		:45	
:00		:00		:00		:00	
8 :15		8 :15		8 :15		8 :15	
AM :30		AM :30		AM :30		AM :30	
:45		:45		:45		:45	
:00		:00		:00		:00	
9 :15		9 :15		9 :15		9 :15	
AM :30		AM :30		AM :30		AM :30	
:45		:45		:45		:45	
:00		:00		:00		:00	
10 :15		10 :15		10 :15		10 :15	
AM :30		AM :30		AM :30		AM :30	
:45		:45		:45		:45	
:00		:00		:00		:00	
11 :15		11 :15		11 :15		11 :15	
AM :30		AM :30		AM :30		AM :30	
:45		:45		:45		:45	
:00		:00		:00		:00	
12 :15		12 :15		12 :15		12 :15	
PM :30		PM :30		PM :30		PM :30	
:45		:45		:45		:45	
:00		:00		:00		:00	
1 :15		1 :15		1 :15		1 :15	
PM :30		PM :30		PM :30		PM :30	
:45		:45		:45		:45	
:00		:00		:00		:00	
2 :15		2 :15		2 :15		2 :15	
PM :30		PM :30		PM :30		PM :30	
:45		:45		:45		:45	
:00		:00		:00		:00	
3 :15		3 :15		3 :15		3 :15	
PM :30		PM :30		PM :30		PM :30	
:45		:45		:45		:45	
:00		:00		:00		:00	
4 :15		4 :15		4 :15		4 :15	
PM :30		PM :30		PM :30		PM :30	
:45		:45		:45		:45	
:00		:00		:00		:00	
5 :15		5 :15		5 :15		5 :15	
PM :30		PM :30		PM :30		PM :30	
:45		:45		:45		:45	
:00		:00		:00		:00	
6 :15		6 :15		6 :15		6 :15	
PM :30		PM :30		PM :30		PM :30	
:45		:45		:45		:45	
:00		:00		:00		:00	
7 :15		7 :15		7 :15		7 :15	
PM :30		PM :30		PM :30		PM :30	
:45		:45		:45		:45	
:00		:00		:00		:00	
8 :15		8 :15		8 :15		8 :15	
PM :30		PM :30		PM :30		PM :30	
:45		:45		:45		:45	
:00		:00		:00		:00	
9 :15		9 :15		9 :15		9 :15	
PM :30		PM :30		PM :30		PM :30	
:45		:45		:45		:45	

FRIDAY NAME | SATURDAY PHONE SUNDAY | EMAIL

FRIDAY		SATURDAY			SUNDAY			MONTH / YEAR
:00		:00			:00			
7 :15		7 :15			7 :15			
AM :30		AM :30			AM :30			
:45		:45			:45			
:00		:00			:00			
8 :15		8 :15			8 :15			
AM :30		AM :30			AM :30			
:45		:45			:45			
:00		:00			:00			
9 :15		9 :15			9 :15			
AM :30		AM :30			AM :30			
:45		:45			:45			
:00		:00			:00			
10 :15		10 :15			10 :15			
AM :30		AM :30			AM :30			
:45		:45			:45			
:00		:00			:00			
11 :15		11 :15			11 :15			
AM :30		AM :30			AM :30			
:45		:45			:45			
:00		:00			:00			
12 :15		12 :15			12 :15			
PM :30		PM :30			PM :30			
:45		:45			:45			
:00		:00			:00			
1 :15		1 :15			1 :15			
PM :30		PM :30			PM :30			
:45		:45			:45			
:00		:00			:00			
2 :15		2 :15			2 :15			
PM :30		PM :30			PM :30			
:45		:45			:45			
:00		:00			:00			
3 :15		3 :15			3 :15			
PM :30		PM :30			PM :30			
:45		:45			:45			
:00		:00			:00			
4 :15		4 :15			4 :15			
PM :30		PM :30			PM :30			
:45		:45			:45			
:00		:00			:00			
5 :15		5 :15			5 :15			
PM :30		PM :30			PM :30			
:45		:45			:45			
:00		:00			:00			
6 :15		6 :15			6 :15			
PM :30		PM :30			PM :30			
:45		:45			:45			
:00		:00			:00			
7 :15		7 :15			7 :15			
PM :30		PM :30			PM :30			
:45		:45			:45			
:00		:00			:00			
8 :15		8 :15			8 :15			
PM :30		PM :30			PM :30			
:45		:45			:45			
:00		:00			:00			
9 :15		9 :15			9 :15			
PM :30		PM :30			PM :30			
:45		:45			:45			

NAME	PHONE	EMAIL

NAME	PHONE	EMAIL

NAME	PHONE	EMAIL

NAME	PHONE	EMAIL

NAME	PHONE	EMAIL

NAME	PHONE	EMAIL

NAME	PHONE	EMAIL

NAME	PHONE	EMAIL

www.ingramcontent.com/pod-product-compliance
Lightning Source LLC
Chambersburg PA
CBHW080552220526
45466CB00010B/3130
* 9 7 8 1 7 0 1 8 4 3 6 4 6 *